本书受西南石油大学人文社科专项基金杰出人才项目(2018RW006)资助

RESEARCH ON
INTERACTIONAL JUSTICE

FROM THE PERSPECTIVE OF
SELF-CONCEPT

# 自我概念视角下的
# 互动公平研究

王 艇◎著

ZHEJIANG UNIVERSITY PRESS
浙江大学出版社

**图书在版编目(CIP)数据**

自我概念视角下的互动公平研究 / 王艇著. —杭州：
浙江大学出版社，2020.12
ISBN 978-7-308-20266-4

Ⅰ.①自… Ⅱ.①王… Ⅲ.①管理心理学—研究
Ⅳ.①C93

中国版本图书馆 CIP 数据核字(2020)第 098054 号

**自我概念视角下的互动公平研究**

王 艇 著

| | |
|---|---|
| 责任编辑 | 吴伟伟 weiweiwu@zju.edu.cn |
| 责任校对 | 严 莹 |
| 封面设计 | 雷建军 |
| 出版发行 | 浙江大学出版社 |
| | (杭州市天目山路 148 号 邮政编码 310007) |
| | (网址:http://www.zjupress.com) |
| 排 版 | 浙江时代出版服务有限公司 |
| 印 刷 | 广东虎彩云印刷有限公司绍兴分公司 |
| 开 本 | 710mm×1000mm 1/16 |
| 印 张 | 11 |
| 字 数 | 169 千 |
| 版 印 次 | 2020 年 12 月第 1 版 2020 年 12 月第 1 次印刷 |
| 书 号 | ISBN 978-7-308-20266-4 |
| 定 价 | 68.00 元 |

# 目　录

第一章　绪　论 ……………………………………………………… 1

　　第一节　经典群体卷入模型 ……………………………………… 2

　　第二节　群体卷入模型框架下的实证研究 ……………………… 4

　　第三节　过去研究的不足和问题 ………………………………… 5

　　第四节　研究目的 ………………………………………………… 10

第二章　文献综述 …………………………………………………… 12

　　第一节　互动公平和代理人—系统模型 ………………………… 12

　　第二节　自我建构理论 …………………………………………… 15

　　第三节　基于社会认同视角的组织认同研究 …………………… 21

　　第四节　关系认同 ………………………………………………… 24

　　第五节　自我概念的表征水平 …………………………………… 26

　　第六节　领导原型化理论 ………………………………………… 28

第三章　研究的理论构建和总体思路 …………………………… 32

　　第一节　文献的总结 ……………………………………………… 32

　　第二节　研究的理论构建 ………………………………………… 34

　　第三节　研究总体思路 …………………………………………… 38

第四章　研究一:"社会自我"的中介效应 ……………………… 41

　　第一节　研究背景和思路 ………………………………………… 41

　　第二节　研究目的 ………………………………………………… 43

　　第三节　研究假设 ………………………………………………… 43

　　第四节　研究方法简介 …………………………………………… 53

第五节 研究一各实验简介 ......................................... 55

第六节 实验一 ......................................................... 56

第七节 实验二 ......................................................... 70

第八节 实验三 ......................................................... 86

第九节 实验三和实验二对应数据的合并分析 ............ 104

第十节 研究一的讨论 ............................................ 105

**第五章 研究二:领导原型化对互动公平影响的调节效应** ......... 114

第一节 研究背景和思路 ........................................ 114

第二节 研究目的 ................................................... 115

第三节 研究假设 ................................................... 115

第四节 研究方法简介 ............................................ 117

第五节 研究二各实验简介 .................................... 118

第六节 实验四 ..................................................... 118

第七节 实验五 ..................................................... 125

第八节 研究二的讨论 ............................................ 132

**第六章 研究总讨论** ............................................... 136

第一节 研究的总结果 ............................................ 136

第二节 研究的理论贡献 ........................................ 137

第三节 研究的实践意义 ........................................ 143

第四节 今后的研究方向 ........................................ 144

**参考文献** ................................................................ 147

**附 录** ..................................................................... 161

附录1 互动公平的实验操作材料 ........................... 161

附录2 领导原型化的预调查 .................................. 162

附录3 互动公平和领导原型化的实验操作材料 ......... 163

附录4 实验的操作检验 ........................................ 166

附录5 研究量表 ................................................... 167

**后 记** ..................................................................... 174

# 第一章 绪 论

"正能量"是一个目前十分流行的词。"正能量"是一种积极向上的心理状态,给人以光明、希望和前进的动力。"正能量"作为传播话语的流行,与心理学家的努力密不可分。该词最早来源于英国心理学家怀斯曼(2012)所著的《正能量》(李磊译)一书。"正能量"的概念与心理学界的积极心理学思潮(Seligman et al.,2000)是紧密联系的,积极心理学的思潮让心理学家们越来越关注人的积极心理和潜能,而非局限于人性的消极和病态层面。同样地,在组织心理学研究中,研究者也开始关注"正能量"对组织行为的影响。组织公平是组织心理学研究的重点,过去研究者主要关注组织不公平的消极影响(例如偷窃、报复行为、离职意向和负性情绪等)。然而,近年来,学者们开始关注组织公平的积极层面,即组织中的公平可能赋予员工的积极心理或"正能量"(例如信任、责任和自主性的合作等)及其产生作用的机制(Tyler et al.,2003)。自我概念是理解组织公平作用过程的重要心理机制。群体卷入模型(the group engagement model)就是基于自我概念视角的研究组织公平的积极作用的模型。

本书即以群体卷入模型为基础,从自我概念(自我建构、关系认同和组织认同)的视角,结合组织公平的"代理人—系统"模型、自我建构、关系认同、社会认同、组织认同和领导原型化等理论,探索互动公平对积极组织行为的影响过程和机制。

# 第一节　经典群体卷入模型

群体卷入模型由 Tyler 和 Blader(2003)提出(见图1.1)。Blader 和
Tyler(2009)在一篇实证研究报告中也从概念上对该模型进行了扩展。群体
卷入模型自提出以来,对组织公平的研究产生着较大影响。群体卷入模型
的提出引发了一系列的研究,这些研究都以 Tyler 和 Blader(2003)的模型为
基础,但在部分概念的定义上与 Tyler 和 Blader(2003)提出的模型不尽一致
(这是引发本研究的一个重要原因,后面会详细介绍)。因此,本书称 Tyler
和 Blader(2003),以及 Blader 和 Tyler(2009)的两篇文献中所提出的群体卷
入模型为经典群体卷入模型,在此基础上开展的一系列研究为群体卷入模
型框架下的研究。国内田晓明、段锦云和傅强(2010)已对经典群体卷入模
型在概念上做了系统介绍。因此,本书对群体卷入模型不再做全面的回顾,
而是着眼于与本研究直接相关的模型的核心观点和该模型框架下所开展的
实证研究,并在此基础上提出研究的问题。

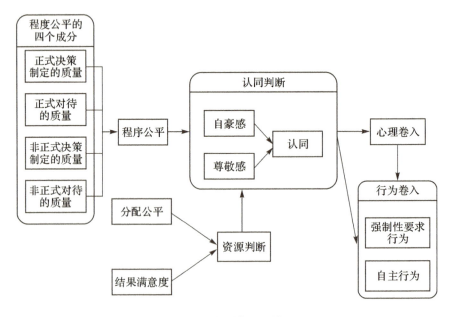

图 1.1　经典群体卷入模型

群体卷入模型联结着公平领域和自我概念领域（Blader et al.，2009）。该模型旨在了解"是什么因素塑造了成员与群体的关系"（Tyler et al.，2003）。群体卷入模型的核心是"社会认同中介效应假设"（social identity mediation hypothesis）。该假设认为，组织的程序公平（procedure justice），特别是在执行程序的过程中的人际关系对待（interpersonal treatment）会影响成员的自我概念（社会或组织认同），进而产生积极的心理结果——合作行为。合作行为包括强制性的合作（mandatory cooperation）和自主性的合作（discretionary cooperation）。前者源于组织的奖励和惩罚，后者源于成员的自主性意愿。[1]群体卷入模型更看重自主性的合作行为（Blader et al.，2009；Tyler et al.，2003）。

群体卷入模型总体上将程序公平分为两部分，即组织的决策程序（decision making processes）和决策过程中的人际互动过程或人际对待（interpersonal treatment）（Blader et al.，2009）。该模型更看重后者，即程序公平所传递出的人际互动信息，认为它与社会（组织）认同密切联系（Tyler et al.，2003）。

群体卷入模型认为程序公平影响认同的机制是个体的地位（status）知觉。进一步而言，地位知觉之所以能够影响群体认同是因为它与个体的自尊（self-esteem）需要紧密联系。当个体的自尊需要得到满足时，他（她）就会感觉自己是有地位的，从而认同群体。地位知觉包括两个方面：首先，成员对其所在群体的地位的知觉，即自豪感（pride）。自豪感来源于群体间的比较，当个体所在的群体处于优势地位时，个体会产生对群体的自豪感，进而认同群体。自豪感的理论基础来源于早期的社会认同论中关于群体间现象的研究（Tajfel，1978）。其次，成员对自身在群体中的地位的知觉，即体验到的尊重感（respect）。尊重感源于群体中的他人（例如领导和其他成员）对自己的态度，是一个人际互动的过程。尊重感的理论基础来源于社会认同论

---

[1]　除此以外，群体卷入模型同时也认为组织中资源的分配（resource judgments）作为前因变量也传递了地位的信息进而影响组织认同。但这并非本研究关注的重点，因为该模型认为"程序公平"是影响群体认同的核心变量（central antecedents）。因此，本书关注"程序公平"效应及其研究不足。

中关于群体内现象的研究进展(Hogg et al.，2004)。由此可见,群体(组织)认同的形成路径有两条:一条来自群体间的现象(群体自身的地位),即自豪感;另一条来自群体内的人际关系互动,即尊重感。

群体卷入模型的核心思想"社会认同中介效应假设"强调程序公平中的人际交往层面(尊重)影响组织认同,组织认同进而影响自主性合作行为。它们都属于群体内的现象,都与人际互动有关。本书的研究也遵循这一思路,沿着这一线索展开(群体卷入模型的其他线索或路径,例如资源分配和群体间现象对认同的影响则不是本书关注的内容)。同公平领域的研究一致(Bies et al.，1986),本书将程序公平中的人际互动过程独立地定义为互动公平,以群体卷入模型的"社会认同中介效应假设"为出发点,展开相应研究。

## 第二节 群体卷入模型框架下的实证研究

群体卷入模型框架下的实证研究沿着经典群体卷入模型的"社会认同中介效应假设"这条主轴展开,但是在对核心概念——社会自我(social self),即个人与群体的关系的定义上,与经典群体卷入模型有些出入。经典群体卷入模型通过社会或组织认同(social identity)来定义社会自我,而后续的实证研究对社会自我的定义则更为多样化。

Johnson 和 Lord(2010)的实验研究发现,包括分配公平、程序公平和互动公平在内的总体的公平(overall justice)会激活互依自我(interdependent self-identity),而互依自我会进一步影响合作行为;而总体的不公平(overall injustice)会激活独立自我(individual self-identity),而独立自我会导致报复行为。Blader 和 Tyler(2009)发现社会(组织)认同(social identity)在程序公平和角色外行为之间起着中介作用。Olkkonen 和 Lipponen(2006)发现组织认同(organizational identification)在分配公平、程序公平和组织的角色外行为之间起着中介作用;对工作群体的认同(work unit identification)在互动公平和工作群体的角色外行为之间起着中介作用。De Cremer, Tyler 和 den Ouden (2005)在其研究中通过实验操作程序公平发现,对领导的认

同在程序公平和领导的合作行为之间起着中介效应(详见本书第四章);还
通过调查研究发现,对同事的认同在互动公平(他们定义为"程序公平")和
组织公民行为之间起着中介效应(详见本书第五章)。Lipponen 等(2004)发
现程序公平显著地影响组织认同,并且组织认同会显著地影响成员对组织
的角色外行为,而互动公平则不会影响组织认同和成员对组织的角色外
行为。

## 第三节　过去研究的不足和问题

尽管群体卷入模型的整体框架获得了大量实证研究的支持,但还存在
着许多的研究不足。

一是群体卷入模型并没有独立地定义互动公平和研究其效应。经典群
体卷入模型的"社会认同中介效应假设"看重程序执行过程中的人际对待
(即互动公平)对于组织认同的影响,并没有将互动公平作为一个独立的形
态加以研究,而是将其视为"程序公平"的一部分。然而,在公平领域,许多
研究者都认为程序公平和互动公平应该是两个独立的变量(Colquitt,2001;
Cropanzano et al.,2002;Masterson et al.,2000)。互动公平有不同于程序
公平的理论定义和作用机制(Colquitt,2001;Cropanzano et al.,2002;
Masterson et al.,2000;田晓明等,2010;周浩等,2005)。不加区分地用"程
序公平"的作用机制来解释"互动公平"的作用机制可能会出现问题。经典
群体卷入模型本身未对程序公平和互动公平进行明确区分,后续的研究也
未区分程序公平和互动公平的作用机制。例如,在群体卷入模型框架的研
究中,De Cremer 等(2005)在同一论文的不同研究中分别采用了程序公平
(该论文的研究 1)和程序公平中的人际交往部分(实质上是互动公平,该论
文的研究 2)来定义"程序公平"。Johnson 和 Lord(2010)则采用了包括分配
公平、程序公平和互动公平要素在内的"总体公平"。虽然也有研究单独研
究了互动公平的效应(Lipponen et al.,2004;Olkkonen et al.,2006),但是
这些研究并未对互动公平进行实验操作,因此在因果关系上还缺乏说服力。

二是群体卷入模型框架下的研究对"社会自我"的定义较为含糊。群体

卷入模型框架下的实证研究沿着经典群体卷入模型的"社会认同中介效应假设"这条主轴展开,它包括对公平、社会自我(包括关系认同、组织认同和互依自我)的主效应以及社会自我的中介效应的检验。作为中介变量的社会自我是该类研究的核心概念,但是群体卷入模型框架下的研究对"社会自我"概念的定义较为含糊,不同的研究所采用的"社会自我"概念不一样。

经典群体卷入模型通过组织认同(即个体通过其所在的某一特定群体或组织来定义的社会自我)来定义社会自我(Tyler et al.,2003)。随后在模型框架下开展的实证研究中,部分研究遵循了这一定义,采用组织认同作为模型的中介变量(Blader et al.,2009;Lipponen et al.,2004;Olkkonen et al.,2006)。但有的研究并未沿用这种定义。例如,Johnson 和 Lord(2010)采用互依自我(interdependent identity)来定义社会自我,该定义基于自我建构理论(Markus et al.,1991)的视角。De Cremer 等(2005)采用自我—他人融合(self-other merging)来定义社会自我。自我—他人融合是对特定他人的关系认同(De Cremer 等在文章中的两个研究中分别指对领导和对同事的认同),其理论基础为自我和他人融合理论(including others of self)(Aron et al.,1992;Aron et al.,2004)。由此可见,该类研究在对模型的核心概念(社会自我)的定义上并不统一。

三是不同类型的"社会自我"的中介机制还比较含糊。对中介效应的检验是群体卷入模型框架研究的核心。然而对中介变量"社会自我"的定义的不统一,导致群体卷入模型框架下的实证研究对社会自我的中介机制的探讨还不是太清楚。经典群体卷入模型仅对组织认同是如何在"程序公平"的条件下形成及其如何产生中介作用的进行了说明(见图 1.1)。但正如前面所言,后续的一些实证研究(De Cremer et al.,2005;Johnson et al.,2010)采用了其他形式的社会自我概念(而非组织认同)作为中介变量来解释该模型。这可能会产生两个问题:(1)这些不同类型的社会自我(互依自我和自我—他人融合)与组织认同是不同的概念,有着不同的理论基础。然而,当前的研究并未就这些不同类型的社会自我的中介机制进行理论上的说明,而是从理论层面沿用了经典群体卷入模型(即组织认同中介机制)。将这些表面看似相似的概念整合到一个模型框架下,不加区分地加以研究很可能会导致理论上的缺陷和解释上的混乱。例如,"程序公平"(当然本书所关心的是互动公平)对这些不同类型的社会自我的影响是否相同? 不同类型的社会自我的中介作用机制是否相同? 当前还没有研究对这些问题进行理论和实证上的探讨。(2)这些研究都是孤立地在其研究背景下检验其所定义的"社会自我"的中介作用并发现了显著的效应(即仅对某单一类型的社会自我的中介效应进行检验)。但当前并未有研究对这些孤立的、不同的"社会自我"进行整合研究,确定当这些中介变量同时进入群体卷入模型后(整合研究的前提是要对每个社会自我的理论机制进行说明,如前所述),哪个是"最有效"的中介变量。这样孤立研究某一中介变量发现的中介效应在方法上存在一定的局限性。因为"一个中介变量的效应,说明的是其他所有中介变量的效应得到控制后该中介变量的中介能力"(Preacher et al.,2008)。换句话说,只有其他可能的中介变量效应得到控制,某个中介变量的效应才有意义。

　　当前中介效应研究存在的这些问题,一方面,说明了目前在群体卷入模型框架下的研究大多还停留在对变量关系的检验上,而对变量背后的理论和机制的挖掘还不够(具体表现在对社会自我的定义及其中介机制的含糊不清)。另一方面,从积极的角度而言,许多实证研究将不同类型的社会自我作为中介变量引入经典群体卷入模型也为该模型注入了新鲜血液,为从更宽阔的视角(例如,广义的社会自我概念及其作用机制)扩展该模型打下了基础。因此,综合当前的实证研究情况,笔者认为,在群体卷入模型框架下,要深入理解互动公平对于积极组织心理和行为影响的中介机制(也是对模型的扩展)还需要解决以下问题:(1)来源于不同理论基础的社会自我概念在互动公平和结果变量之间的中介机制是什么? 是否与组织认同相同?(2)多种形式的社会自我概念(例如,组织认同、自我—他人融合和互依自我)作为中介变量同时引入模型的话,它们各自的中介效应强弱如何? 是否如先前的实证研究一样,都能显著地发挥中介效应? 这涉及多个中介变量效应大小的比较问题,其背后是对这些中介变量相关的理论的比较。

　　综上所述,对群体卷入模型中介机制的解释和扩展需要基于不同的理论背景和相应的实证研究结果,进行整合性的研究,选择可能发挥作用的多个中介变量同时进行研究,从理论和机制上精确地定义和比较,这样得出的中介效应才更合适(convenient)、精确(precise),且符合科学研究的吝啬(parsimonious)原则(Preacher et al.,2008)。

四是群体卷入模型对结果变量的定义还不够清晰。一方面,前面提到了区分互动公平和程序公平的必要性,区分互动公平和程序公平的一个重要特征就是对不同的结果变量有不同的影响。公平领域的代理人—系统模型的研究发现互动公平和程序公平对人际关系性质的结果变量(例如对领导的态度)和群体性质的结果变量(例如对组织的态度)有不同的影响路径。另一方面,在与经典群体卷入模型所言的自主合作行为关系密切的组织公民行为研究领域,研究者已对组织公民行为做了人际关系性质(对同事的组织公民行为,OCBI)和群体性质(对组织的组织公民行为,OCBO)的区分(Willams et al.,1991)。

经典群体卷入模型强调自主性合作行为这一结果变量,但并未将自主性合作行为区分为人际关系性质的结果变量和群体性质的结果变量,这可能和该模型在前因变量上未区分程序公平和互动公平有关。后续的实证研究在结果变量上也未做这方面的区分,例如 De Cremer 等(2005)在其研究的研究一中通过被试同领导的合作和帮助(人际关系性质的结果变量)来定义合作行为,但在研究二中采用组织公民行为(同时包括对同事和对组织的组织公民行为)来定义合作行为。同样,Blader 和 Tyler(2009)研究中所定义的角色外行为也同时包括了对同事的角色外行为和对组织的角色外行为。

五是互动公平影响组织认同的机制还有待深入探索。经典群体卷入模型的"社会认同中介效应假设"看重程序执行过程中的人际对待(即互动公平)对于组织认同的影响。群体卷入模型认为互动公平影响组织认同的机制是成员体验到的"尊重感"(respect),当个体能体会到群体成员对自己的尊重时,就会认为自己在群体中是有地位的(status),从而就会认同群体。这种解释基于社会认同论关于群体内现象的研究进展(Hogg et al.,2004),特别是"尊重感"对群体认同的影响(例如 Sturmer et al.,2008)。然而,如果单独考虑互动公平的效应(基于过去的研究)就会发现,根据代理人—系统模型的观点(Colquitt,2001;Cropanzano et al.,2002;Masterson et al.,2000;周浩等,2005),互动公平不会影响群体性质的结果变量。也就是说,互动公平不会影响组织认同。

这里就出现了群体卷入模型和代理人—系统模型之间的矛盾。如何解释这两个模型不一致的地方?群体卷入模型并没有从概念或实证研究上加以说明(和其没有独立地研究互动公平的效应有关)。笔者认为互动公平和组织认同之间可能存在中间变量的影响。领导原型化(Hogg,2001;Lipponen et al.,2005)就是一个可能的中间变量。领导是组织中常见的公平执行者,虽然群体卷入模型也论述了领导在公平的人际互动过程中的重要性(Tyler et al.,2003),但是并没有将领导对成员的代表性作为单独的变量加以研究。而领导对成员的代表性很可能就是成员与领导的关系(互动公平)转化为组织认同的机制。当领导能代表组织时,成员就可以依据自己与领导的关系来决定对组织的反应(例如互动公平对组织认同产生影响);而如果领导不能代表组织,成员和领导的关系则维持在个人关系层面,不会转化为对组织的态度。

因此,对群体卷入模型中所强调的程序执行中的人际对待(互动公平)影响组织认同的机制,还有待于结合领导原型化领域的研究成果来进行深入探索。

归纳起来,上述问题可以分为两大方面。一方面,为群体卷入模型中介机制的问题,具体而言,为不同类型的社会自我在互动公平和不同类型的结果变量的中介机制问题。另一方面,为互动公平对群体性质的变量(组织认同和对组织的组织公民行为)[①]的影响机制问题,具体来讲,为领导原型化的调节作用的问题。

上述问题在本质上体现的是该模型的理论支撑不够。一方面,在中介作用方面,该模型未充分吸收公平领域对互动公平的专门研究的成果(即代

①　本书对于群体性质的变量研究,不仅关注互动公平对组织认同的影响(即经典群体卷入模型的核心),在前面提到了对群体卷入模型进行研究要区分人际关系性质的结果变量和群体性质的结果变量,也研究互动公平对于成员对组织的组织公民行为(OCBO)的影响。

理人—系统模型)(上述研究不足的第一点、第三点、第四点和第五点)、自我建构领域和认同领域关于各类型"社会自我"研究的成果(上述研究不足的第二点和第三点)。另一方面,在调节作用上,表现在群体卷入模型对公平的"人际过程"为何能影响组织认同等群体性质的变量未做深入论述,更不用说对理论机制的说明(上述研究不足的第一点和第五点)。

## 第四节　研究目的

研究的目的建立在研究的问题之上,本研究的目的包括两个方面。

本研究的直接目的体现在中观(模型)的层面,旨在以互动公平为基础和出发点,精确化和深入化扩展群体卷入模型的"社会认同中介效应"这一核心概念,探索互动公平如何经由不同类型的自我概念(例如,自我建构、关系认同和组织认同)影响积极的组织行为,由此构建一个基于互动公平的群体卷入模型。具体来讲,包括两个方面:一方面,了解群体卷入模型框架下互动公平对积极组织心理和行为(例如认同感、组织公民行为)的作用过程,以及不同类型的社会自我概念在互动公平的作用过程中的中介机制,这可以看作一个横向的精确化的过程(研究一)。另一方面,了解互动公平对群体性质的变量(包括组织认同和OCBO)产生影响的中间机制,即领导原型化的调节作用。并且,进一步深入扩展群体卷入模型的"社会认同中介效应假设",即检验领导原型化在互动公平和OCBO的调节效应中是否经过组织认同中介(对有中介的调节效应的检验)。这可以看作一个纵向的深入化的过程(研究二)。

由此可见,要达到上述研究目的,必须深入与群体卷入模型有关的各个理论内部,了解互动公平、社会自我和领导原型化的相关理论和研究成果,再根据这些理论解释群体卷入模型,这样得到的结论才更有"根基"和说服力。需要说明的是,尽管本书会运用到许多理论和概念,但是这些理论和概念都是直接和群体卷入模型联系的,都是为本研究的目的服务的。

由于群体卷入模型本身联系着组织公平和自我概念(包括自我建构、关系认同和组织认同)这些在社会和管理心理学中都算得上"庞大"的研究领

域,在构建基于互动公平的群体卷入模型时,必然也会面对相应的理论问题
(详见前面"过去研究的不足和问题"部分所述,例如,社会自我的定义,互动
公平对这些不同类型的社会自我概念的影响,以及社会自我的中介机制
等),解决这些问题,同时也意味着对这些领域的理论贡献,这也是本书的目
的在更为基础的层次上的体现。

# 第二章　文献综述

## 第一节　互动公平和代理人—系统模型

### 一、互动公平

Bies 和 Moag（1986）认为互动公平（interactional justice）是独立于分配公平（distributive justice）和程序公平（procedure justice）存在的第三种组织公平形式。他们将互动公平定义为组织的程序在执行过程中人们所受到的人际对待。它具体表现在组织成员是否得到了决策执行者应有的尊重和真诚的对待（respect）、决策执行者是否详尽地向组织成员阐述决策制定的原因和依据（justification）、决策执行者是否诚实（truthfulness）、决策执行者的行为是否礼貌得体（propriety）。当前文献中对于互动公平是否公平的一种独立形式还存在着争议（Colquitt，2001）。有的研究者认为互动公平应该是程序公平的一部分（Moorman，1991；Blader et al.，2009；Tyler et al.，2003），而有的研究者则认为互动公平是一种独立形式的公平（Bies et al.，1986；Cropanzano et al.，2002；Masterson et al.，2000）。

本研究支持互动公平和程序公平是两种独立形态的观点。首先，从概念上看，程序公平和互动公平的要素或操作定义存在差异。程序公平的要素主要包括组织的程序有一致性（consistency），建立在正确的信息上——准确性（accuracy），具有可矫正性（correctability），组织成员能对程序提出意见和建议（voice）等方面（Colquitt，2001；Sedikides et al.，2008）。由此可见，程序公平的判断标准是对组织程序本身的判断,并不涉及程序的执行者与成员的互动过程。如前所述,互动公平的要素主要体现在程序执行过程中决策者与组织成员的人际互动过程,组织成员是否在人际交往过程中得到了良好的对待是评价互动公平的关键要素,也是其与程序公平区别的标志(Robbins et al.,2012)。其次,互动公平和程序公平作为相互独立的结构已得到了因素分析的证实(Colquitt,2001;皮永华,2006;周浩等,2005)。最后,互动公平和程序公平对于不同的结果变量有着不同的作用形式。Cropanzano 等(2002)认为,可以从互动公平和程序公平影响不同的结果变量来证实二者是不同的结构。代理人—系统模型(Bies et al.,1986;Cropanzano et al.,2002;Masterson et al.,2000;周浩等,2005)对此进行了系统的研究。

## 二、代理人—系统模型

代理人—系统模型(agent-system model)是伴随着互动公平(interactional justice)的概念提出来的。Bies 和 Moag(1986)认为互动公平影响成员对执行决策程序的个人(agent,例如领导)的反应,而程序公平影响成员对与决策程序有关的系统(system,例如组织或部门)的反应。由此可见,成员对于公平做出何种反应,取决于公平的来源。如果公平来源于人际交往过程(互动公平),那么对公平的反应也是个人对个人的人际关系模式,不涉及个人对组织的反应;如果公平来源于对于组织程序的评价(程序公平),那么,对公平的反应则表现在成员个人对整个组织或群体的态度或行为上面,而与人际关系无关。

实证研究支持了代理人—系统模型。基于人际互动过程的互动公平影响与领导有关的结果变量,而不影响与组织有关的结果变量;基于对组织程序评价的程序公平则刚好相反,它影响成员对组织的反应而不影响成员对领导个人的反应。Masterson 等(2000)发现互动公平影响成员对领导的组织公民行为、领导—成员交换和领导对成员的绩效评价;程序公平影响感知到的组织支持、对组织的组织公民行为、离职意向和组织承诺。Cropanzano等(2002)发现互动公平影响成员对领导的满意度、领导—成员交换和领导对成员的绩效评价;程序公平显著地影响对管理层的信任和对绩效评价系统的满意度。Colquitt(2001)发现互动公平影响对领导的评价和对个人的帮助行为,程序公平影响组织承诺和对组织规章的遵守。在群体卷入模型的框架内的研究中,Lipponen 等(2004)发现程序公平会影响组织认同和成员共有的群体身份,互动公平则不会影响组织认同和成员共有的群体身份。在国内,周浩等(2005)发现互动公平影响与领导有关的结果变量(例如与辅导员的关系),程序公平影响与组织有关的结果变量(例如班级归属感和班级荣誉感)。

不仅两种类型的公平对应着不同的结果变量,中介效应的检验也进一步证实了代理人—系统模型的基本思想。与领导有关的中介变量在互动公平和对领导的反应之间起着中介作用,而与组织有关的中介变量在程序公平和对组织的反应之间起着中介作用。Masterson 等(2000)发现领导成员交换在互动公平和其对应的人际关系性质的结果变量(基于个人—领导关系,如前所述)之间起中介作用;感知到的组织支持感在程序公平和其对应的结果变量(基于个体对组织的认知,如前所述)之间起中介作用。Cropanzano 等(2002)重复了 Masterson 等的研究结果,发现领导成员交换在互动公平和其对应的结果变量(如前所述)之间起中介作用。类似地,Kark 等(2003)发现当对领导的关系认同(人际关系性质的变量)和对组织的认同(群体性质的变量)同时作为中介变量时,仅关系认同在转换型领导(人际知觉)和人际关系性质的结果变量(对领导的依存)之间起中介作用,而组织认同则不起中介作用。由于转换型领导和代理人—系统研究中所定义的互动公平都涉及组织成员与领导的人际互动过程,因此,从这个意义而言,Kark 等的研究和代理人—系统模型关于中介效应的研究有着相似性。

然而,有些研究却并不支持代理人—系统模型,主要表现在互动公平不仅可以影响基于人际关系性质的结果变量,还可以"跨界"影响原本属于程序公平的结果变量(即群体性质的结果变量)。Colquitt 等(2001)发现互动公平可以影响对组织的组织公民行为(OCBO)。Rupp 和 Cropanzano(2002)也发现了互动公平对组织公民行为的影响,他们还进一步发现领导成员交换在互动公平和组织公民行为之间起中介效应。尽管经典群体卷入模型没有将互动公平视为独立的结构，Tyler 和 Blader(2003)也从理论上阐述了互动公平中的人际对待会影响组织认同。群体卷入模型框架下的一项研究发现了互动公平对工作群体认同的影响(Olkkonen，Lipponen，2006)。在国内，皮永华(2006)也发现了互动公平对于组织公民行为的影响。为何现有研究中(包括经典群体卷入模型的论述)会出现与代理人—系统模型不一致的结果，当前文献还未有解释。

# 第二节　自我建构理论

## 一、早期的自我建构理论

自我建构理论由 Markus 和 Kitayama (1991)提出，自我建构是个体的自我概念中与文化密切有关的部分。Markus 和 Kitayama 认为过去心理学研究中的自我概念源于西方文化，是独立自我(independent self construal)。而实际上，在非西方文化中，人们的自我概念与独立自我有很大不同，Markus 和 Kitayama 将其称为互依自我(interdependent self construal)。

独立自我指人们对自我的定义基于个体的内在特征(例如性格、兴趣、动机等)，个体的行为受这些内在特征的影响。独立自我强调个体相对于社会情境(例如他人)的独特性，社会情境仅仅是个体自我定义的参照点，或者说，个体在与他人的比较中来定义自我。互依自我指人们对自我的定义基于自己与社会情境(他人和群体)的关系，个体的行为受到社会关系(例如他人的想法和行为)的影响。互依自我强调个体与社会情境的整合，自我并非从社会情境中"独立"出去，而是与其有机地融合。在互依自我中，个人的内在特征对行为不会有明显的影响，个人内在特征的表达主要受到社会情境的影响。由此可见，独立自我和互依自我在本质上的区别是人们对自我定义的参考点，即自我定义是基于个体的内在特征还是基于自己与社会情境的关系。Markus 和 Kitayama 认为自我建构受文化的影响。总体而言，西方文化(例如美国和西欧)强调和鼓励独立自主，独立自我占优势；而非西方文化(例如东方文化)则强调和鼓励自我与社会的整合，互依自我占优势。

尽管如此,这并非意味着西方文化下的个体就没有互依自我,东方文化下的个体没有独立自我。事实上,在任何文化背景下,两种类型的自我建构在个体身上均同时存在并且能够加以测量,不同的人具有不同的占主导地位的自我建构。

自我建构在个体身上同时存在的观点是对其进行心理测量的基础(Singelis,1994)。Cross 等(2011)的综述对目前自我建构的测量进行了系统总结。当前最常使用的自我建构量表由 Singelis(1994)开发。Singelis 以过去个体主义—集体主义的研究为基础,挑选了 45 道题目,经过探索性因素分析和验证性因素分析,最终确定了 24 道题目,其中 12 道题目测量互依自我,12 道题目测量独立自我。其他常用的量表还包括 Gudykunst 等(1996)开发的量表。

自我建构在个体身上同时存在的观点也是基于情景启动范式研究的理论基础(Cross et al. , 2011),研究者可以操控情景,使任意一种类型的自我建构凸显,观察其对心理结果的影响。一个人的身上可以同时并存多种类型的自我建构的观点得到了实证研究的支持。Trafimow 等(1991)通过两个实验,发现个体自我(private self,类似于独立自我)和群体自我(collective self,类似于互依自我)独立地存在于不同的记忆系统中。(1)相对于中国人(受集体主义文化影响),美国人(受个体主义文化影响)在认知上对与个人有关的信息更容易提取;中国人则比美国人更容易提取与群体有关的信息。(2)相对于群体自我启动的个体,个体自我启动的个体对与个体有关的信息更容易提取,而对群体有关的信息则难以提取。(3)先前启动的自我类型对随后启动的类似的自我类型有促进效应。例如被试前后两次都接受个体自我的启动,就比前后接受不一致的自我启动(第一次群体自我启动,第二次个体自我启动)的被试,可以更多地回忆与个体有关的信息。在 Trafimow 等研究的基础上,Ybarra 和 Trafimow(1998)操纵个体自我和群体自我激活,研究他们对结果变量的不同影响。柴俊武等(2011)通过分别操纵独立自我和互依自我凸显,发现当自我建构类型与怀旧类型相匹配时,能最好地激发被试对广告的态度。

自我建构是受文化影响的自我概念,它和跨文化研究中常用的个体主义—集体主义联系密切,二者的区别在于自我建构是描述个体心理特征的变量,而个体主义—集体主义则是描述文化特征的变量(Cross et al.,2011)。尽管如此,它们的共同之处更为明显,即在本质上,二者都是描述人们如何看待自己(独立自主或是与社会情境整合)的变量,许多研究者将它们等同(Brewe et al.,2007;Cross et al.,2011;Singelis et al.,1995),即个体主义等同于独立自我,集体主义等同于互依自我。二者共同点的直接反映就是它们可以共用测量题目。例如,"目前使用最广的(Cross et al.,2011)"Singelis(1994)的自我建构量表在开发时就参考了过去研究中测量个体主义—集体主义的题目(例如 Hui,1988;Triandis et al.,1990)。在Singelis 等(1995)以及 Triandis 和 Gelfand(1998)所进行的个体主义—集体主义的研究中,有 7 道测量题目与 Singelis(1994)所用到的自我建构题目相同。

既然独立自我和互依自我是两个独立的结构,那么它们应该有不同的效应。Markus 和 Kitayama 从认知、情绪和动机三个方面论证了二者的不同效应。本研究仅关注自我建构对动机的影响,因为它和研究的主题——群体卷入模型所言的自主性合作行为密切相关(Tyler et al.,2003)。Markus 和 Kitayama 认为对于独立自我而言,动机源于个体内在特征和需要,动机过程就是满足这些需要的过程。而对于互依自我而言,动机则更具有社会性,动机过程就是考虑和满足他人需要的过程。因此,看似相同的动机(例如自尊动机和自我实现动机),对于不同类型的自我建构而言,却有着不同的意义。以自尊动机为例,基于独立自我的自尊动机更多地突出自己的能力,显示自己的与众不同。在西方文化中,人们被鼓励更多地表达自己的观点和态度,通过"倾听自己内在的声音"来"自我实现"。而基于互依自我的自尊动机则通过满足他人的需要、适应社会和与他人和谐相处体现出来。基于互依自我的自尊动机与个体的内在特征关系不大,相反,它促使个体抑制自己的欲望和需要以适应社会。这种观点在中国传统文化中得到了充分的体现,例如儒家所提倡的"克己复礼以为仁",就是让人们克制自己内心的欲望,适应社会的规范,完善自我,从而达到"仁"的境地。而"仁",则与自我价值相联系,是儒家所倡导的终极人生目标。独立自我和互依自我具有不同的动机作用已得到了实证研究的支持。Ybarra 和 Trafimow(1998)发现,当个体自我(private self)激活,人们的行为更多地反映了其自身的态度(行为源于个体动机);当群体自我(collective self)激活,人们的行为更多地反映了其所在群体的规范(行为源于社会动机)。在公平领域,研究者发现,独立自我(由不公平激活)与报复动机联系,而互依自我(由公平激活)则与合作这一社会动机联系(Brebels et al., 2008;Johnson et al., 2010)。

值得注意的是,在名称的使用上,文献中自我建构、自我概念(self concept)和自我身份(self identity)常混合使用(例如 Johnson et al., 2010; Johnson et al., 2006; Van Knippenberg et al., 2004),然而就研究的内容而言,它们实际上指的是同一概念。本研究中统一使用"自我建构"一词。

## 二、关系自我和群体自我区分:重新认识"互依自我"

自我建构领域中关于独立自我的概念已不存在争议,但是关于互依自我的概念,却含义模糊(Brewe et al., 2007)。Markus 和 Kitayama 将互依自我定义为个体从自身与社会情境的关系中来定义的自我。然而社会情境是一个笼统的概念,它既可以指个体与他人的关系(人际关系),也可以指个体与群体的关系,Markus 和 Kitayama 并未将二者区分开来。在测量互依自我(和其相近概念的集体主义)的量表中,也同时包括个体与他人和个体与群体的关系(例如 Singelis,1994;Triandis et al., 1998)。基于互依自我是建立在个体与他人的关系之上,还是建立在个体与群体的关系之上的问题,Brewer 和 Gardner(1996)首先从概念上将互依自我进一步区分为关系自我(relational self)和群体自我(collective self)①。这样,自我建构应该共包括独立自我、关系自我和群体自我三个成分。关系自我和群体自我之所以能在概念上加以区分,是因为它们有不同的理论基础。

关系自我属于人际关系研究领域,它与早期的 Mead(1934)和 Cooley(1902)所提出的"镜中自我"的概念(转引自 Chen et al., 2006)以及依恋理

---

① Brewer 和 Gardner(1996)采用的名称是关系自我(relational self)和群体自我(collective self)。如前所述,他们与 Markus 和 Kitayama 所言的"自我建构"(self construal)是同一概念,本研究仍沿用"自我建构"(self construal)的命名。

论(Collins et al.，2003；Collins et al.，1994)关系密切,都是研究人们的自我概念如何在与他人的互动中建立起来。然而,关系自我直接的理论来源是 Markus 和 Kitayama 的互依自我的概念,仍然强调自我概念中文化的影响。关系自我是指个体从与他人,特别是与重要他人的关系中来定义的自我(Brewer et al.，1996；Chen et al.，2006；Cross et al.，2000)。它反映的是个体的一种一般的倾向性(a general orientation),通过对生活中的"许多的"他人的一般性的表征来定义的自我,而非对某一具体他人的认同(Chen et al.，2006；Cooper et al.，2010；Cross et al.，2000；Cross et al.，2011；Linardatos et al.，2011)。真正对关系自我的实证研究源于 Cross 等人,他们开发了测量关系自我的量表,并发现在关系自我量表得分高的被试,在做决策时更多地考虑他人的需要。Chen 等(2006)总结了关系自我的特征:(1)关系自我是存贮在记忆中的与重要他人联系的自我概念;(2)关系自我可以被情境线索激活;(3)关系自我有不同的表征层次,包括对具体他人的表征(a relationship- specific relational self)、概括的表征(a generalized relational self)和总体的表征(a global relational self)(如前所述,综合其他研究者的意见,本研究认为"关系自我"是概括的和总体的表征。关于具体关系表征和一般抽象化的表征的区别,本书在后面会有专门论述);(4)关系自我包括了通过与他人的关系来定义的自我特质(例如,一个小孩通过与父母的关系来定义自己是"可爱的")。

　　群体自我主要基于社会认同理论的思想。社会认同理论认为,个体能够通过其所在的群体来定义自我(即社会或群体认同)(Tajfel，1978),群体认同来源于群体间的比较,是一个"纯粹的"群体现象,与人际交往过程无关①。借鉴社会认同的概念,Brewer 和 Gardner(1996)提出群体自我是个人通过其所在的群体来定义的自我。需要注意的是,和关系自我一样,群体自我在理论来源上属于自我建构领域,它和社会认同毕竟是两个不同的概念,社会认同强调情境性和认同对象的针对性,而群体自我作为自我建构,和关

---

　　① 近年来,社会认同理论也开始重视群体内部的人际交往过程对群体认同的影响。

系自我一样,具有概括化和一般性的特点(Cooper et al.,2010)。关于社会认同和群体自我的区别,本书将在后面的相关部分做详细说明。

从概念上而言,关系自我和群体自我的区别首先体现在它们的定义上(如前所述)。其次,关系自我和群体自我的区别从动机层面而言,它们具有不同的动机来源,关系自我的自尊动机主要来源于个体能够与他人建立起和谐的关系,而群体自我的自尊动机则来源于群体间的比较,通过自己所在的群体相对于外群体的优势地位来获得自尊和认同感(Brewer et al.,1996)①。另外,关系自我和群体自我有不同的动机结果,当关系自我处于主导地位或激活状态时,人们更多考虑他人的利益和需求;而当群体自我处于主导地位或激活状态时,人们会更多考虑其所在群体的利益和需求(Brewer et al.,1996;Cross et al.,2000)。

在实证层面,当前对关系自我和群体自我差异的研究还较少。主要集中在情境线索对不同类型自我的启动、关系自我和群体自我的量表开发、性别和文化对不同类型自我的影响。Brewer 和 Gardner 让被试阅读两段文字,并让被试在文字中的代词上画圈。两段文字的代词都是"我们(we,us)",但其背景却不同,一段文字讲城市旅行,其背景是"小群体",另一段文字则描述了在体育场观看橄榄球比赛,其背景是"大群体"。Brewer 和 Gardner 认为虽然两段文字都对"我们"进行了启动,但是同样的"我们"可能代表的是不同的自我建构。"小群体"情境启动的是关系自我,而"大群体"启动的是群体自我。研究结论部分支持了假设:不同的群体情境对群体自我建构有不同的影响,在"大群体"启动情境下,被试相对于"小群体"的启动情境,表现出更多的群体自我意识;然而,"大—小群体"启动情境对关系自我却无显著影响。Kashima 和 Hardie(2000)通过探索性因素分析和验证性因素分析,开发了测量独立自我、关系自我和群体自我的量表(共 30 道题项),从而证明了关系自我和群体自我是独立的结构。Hardie(2009)进一步对该量表进行了修订,确定了其缩减版(共 9 道题项),同样证实了独立自我、

---

① 这里所指的群体自我的自尊动机,源于 Brewer 和 Gardner(1996)的论述,其理论基础是社会认同论。而依据 Markus 和 Kitayama 的自我建构理论,群体自我的自尊动机也可以来源于成员自身和其所在群体的和谐关系。

关系自我和群体自我三因素独立的结构。性别对关系自我和群体自我有着不同的影响,女性比男性拥有更多的关系自我意识、而男性比女性拥有更多的群体自我意识(Cross et al.,1997;Gabriel et al.,1999;Kashima et al.,2000;Kashima et al.,1995)。文化对关系自我和群体自我也有着不同的影响。东方文化背景下,人们的集体意识建立在人际关系之上;而西方文化背景下,人们的集体意识则以群体身份为基础(Brewer et al.,2007;Brewer et al.,2001;Yuki,2003;Yuki et al.,2005)①。类似地,对于中国人而言,杨中芳(2009)也指出:"外国社会才是'集体的''团体的',而中国人的社会⋯⋯依据个别个体,与自己的关系,来差别对待之。"杨宜音(2008)的案例研究是最早着眼于中国人的关系自我和群体自我区别的实证研究。她认为中国人可以通过两种渠道获得"我们"的意识:一种是"关系化",即个体从与他人的关系中获得自我意识;另一种是"类别化",即个体从自身与群体的关系中获得的自我意识(即群体自我)。杨宜音提出的类别化自我的概念与Brewer 和 Gardner 的群体自我概念一样,其理论思想都来源于社会认同论中关于群际关系对群体认同影响的论述。杨宜音认为,情境可以成为启动条件,影响关系自我或群体自我的激活。

## 第三节　基于社会认同视角的组织认同研究

### 一、组织认同的定义

Ashforth 等(2008)总结了近 20 年来最有影响力的组织认同的三种研究范式,包括了基于社会认同理论(social identity theory 和 self-categorization theory)的研究视角、基于身份理论(identity theory)的研究视角和基于组织身份(organizational identity)的研究视角。Ashforth 等认为在微观领域,最有影响力的范式是基于社会认同理论视角的组织认同研究。

---

① Cross 等 (2000)的观点与此相反,他们认为西方人的集体意识是以人际关系为基础的,而东方人的集体意识是以群体关系为基础的。尽管如此,这仍然反映出了关系自我和群体自我是不同类型的自我建构。

其文章对组织认同的定义和综述也正是基于这一研究视角展开。

Tajfel(1978)将社会认同定义为"个体自我概念的一部分,它来源于个体对于自身所在群体的群体成员身份的认知,以及对于这种身份带给自己的情感和价值上的意义的认知"。基于社会认同的思想,Mael 和 Ashforth (1992)认为"组织认同是社会认同的一种具体的表现形式。个体通过其所在的具体或特定的(particular)组织来对自我进行定义"。组织认同是个体自我概念的一种形式,它区别于组织承诺(态度变量)和组织公民行为(行为变量)等组织研究中常见的变量(Ashforth et al. , 2008;Meyer et al. , 2006;Rousseau, 1998)。组织认同的对象是特定的群体或组织(group-specific)(Ashforth et al. , 1989)。

## 二、组织认同的形成

关于认同的形成,早期的社会认同理论(social identity theory)强调"纯粹"的群体过程,认为社会认同来源于群体间的比较,它背后的基本动机是自尊动机,当个体所在的群体与其他群体相比较具有优势地位时,个体的自尊需要就会得到满足,从而认同其所在的群体(Brown,2000;Tajfel,1978)。Mael 和 Ashforth(1992)对组织认同形成的理解也继承了这样一种观点。具体而言,他们认为组织间的竞争、组织的独特性(distinctiveness)和组织的优势地位(perceived prestige)会促进组织认同(另见 Ashforth et al. , 1989)。在其研究结论中,组织的独特性和组织的优势地位对组织认同的积极影响得到了证实。其他研究者也得到了类似的结果(Amiot et al. , 2007;Dutton et al. , 1994; Smidts et al. , 2001; Smith et al. , 1996;Wan-Huggins et al. ,1998)。在公平领域,群体卷入模型也认为群体自身的地位会影响成员对群体的自豪感(pride),从而影响组织认同(Blader et al. , 2009; Tyler et al. ,2002; Tyler et al. , 2003;Fuller et al. , 2006)。Ashforth 等(2008)将这种基于社会认同视角的组织认同形成过程称为"自上而下"(top-down)的认同。

尽管早期的社会认同论强调群体间比较和群体自身的地位对认同的影响,但近年来,社会认同理论也开始关注于群体内的现象(Hogg et al. ,

2004)。群体内的人际交往、个体的特征等因素都可能对组织认同产生影响（Ashforth et al.，1989；Mael et al.，1992）。Ashforth 等将这种类型的认同称为"自下而上"（bottom-up）的认同。本研究关注人际互动过程对群体认同的影响，即"自下而上"的认同形成过程。它主要集中在两个领域：一类研究是在公平领域，群体卷入模型认为成员受到本群体的其他成员（例如领导、同事）的公平对待，会让成员体验到尊敬感（respect），进而产生对群体的认同（Blader et al.，2009；Fuller et al.，2006；Olkkonen et al.，2006；Tyler et al.，2003）。另一类研究关注成员与领导的关系对组织认同的影响。Ashforth 和 Mael（1989）认为，成员对魅力型领导的认同可以转化为对组织的认同。Mael 和 Ashforth（1992）认为，成员对群体中能够代表群体的成员的认同也可以转化为组织认同。Sluss 和 Ashforth（2008）更进一步提出了领导原型化（领导对组织的代表性）可能是群体成员与领导的人际关系转向组织认同的机制。类似地，Eisenberger 等（2010）发现了领导原型化在领导成员交换和组织承诺之间的调节作用。

### 三、情境性认同和深层次认同

Rousseau（1998）将组织认同分为情境性认同（situated identification）和深层次认同（deep structure identification）。Rousseau 认为，情境性认同是组织认同的基础形式（elemental level），即个体体验到的其作为群体一员的感觉。情境性的认同通常由社会情境线索（situational cues）所激活，这些线索包括实验研究所采用的激活群体身份的实验操作、现实工作中的共同的利益和组织中的沟通和技术系统等。情境性认同是短暂的、不稳定的。一旦影响认同的情境线索消失，情境认同也随之消失。在组织中，情境性认同通常出现在临时雇员和组织中处于边缘地位的员工身上。一般来讲，实验研究中所操纵的组织认同通常为情境性认同，这是社会认同研究通常关注的领域（Ashforth et al.，2008）。Rousseau 认为，深层次认同是组织认同的高级形式（higher level）。它是与个体自我概念有关的次认知图式（cognitive schema）或心理模型（mental model）。与情境性认同不同，深层次的认同是长期的，具有跨时间和情境的稳定性，对情境线索的依赖较少。在组织中,它通常出现在正式的员工和核心员工身上。员工对组织的积极主动的帮助行为也会促进深层次认同的产生(Meyer et al.,2006;Rousseau,1998)。

# 第四节 关系认同

## 一、关系认同的定义及其在组织行为学中的研究

在组织行为学的研究中,目前关于关系认同(relational identification)的研究还非常少(Chang et al.,2011;Sluss et al.,2008;Van Knippenberg et al.,2004)。和当前文献中认同和自我建构混淆使用的情况类似(Cooper et al.,2010),关系认同和关系自我也存在被混淆的情况。例如 Van Knippenberg 等在他们的综述中将人际关系认同(personal identification)和关系自我(relational self construal)混合使用。基于此,本书对关系认同的文献回顾是基于关系认同和关系自我的区分而展开的。

在组织的认同研究领域,最早提出关系认同定义的是 Sluss 和 Ashforth (2007)。Cooper 和 Thatcher(2010)基于认同和建构的区分,在 Sluss 和 Ashforth 对关系认同的定义的基础上,提出组织中的关系认同是个体通过对某一特定他人的认同来进行的自我定义(例如小王对同事小张的认同就是关系认同,小王从与小张的工作关系中来定义自我),它具有具体情境性和特指性,和关系自我(一般抽象化的社会自我)是不同的概念。

关于关系认同的实证研究还比较少,如前所述,与本研究直接相关的是在互动公平领域,De Cremer 等发现关系认同在互动公平和组织公民行为之间起中介作用。在领导领域,Kark 等(2003)发现对领导的关系认同(而非组织认同)在转换型领导和对领导的依赖之间起中介作用。

## 二、关系认同在社会心理学中的研究

在社会心理学的自我建构领域和人际关系领域,研究者没有明确提出关系认同的概念,但是相关的概念论述在实质上与组织行为学中所提到的关系认同的概念是一致的。

　　在社会心理学关于自我建构的研究领域,关系认同的概念常在与关系自我建构的比较中被提到。研究者认为,关系认同是指向具体的个体的,是通过与某一特定他人的关系进行的自我定义。而关系自我则是一般抽象化的概念(Cross et al.,2011;Cross et al.,2000;Chen et al.,2006)。这实质上与组织行为学中 Cooper 和 Thatcher(2010)对关系认同的定义是一致的。

　　在社会心理学关于人际关系的研究领域,关系认同有其他的名称,其中比较有影响的两个理论是自我和他人的融合(including others of self)(Aron et al.,2004)和"关系自我"(relational self)(Anderson et al.,2002),与自我建构中的"关系自我"不同。虽然这两个理论所研究的内容有所差异,但是它们在对关系认同(为了论述的一致,笔者这样命名)的定义上是一致的,即都认为个体会通过与某一个特定他人的关系来进行的自我定义(即 Cooper 和 Thatcher 所言的关系认同),具有具体性和情境性。例如 Aron 等提出的自我和他人融合理论(including others of self)认为个体和某一特定他人的关系会成为其自我概念的一部分(即关系认同)。一旦关系认同形成后,人们就会将他人的资源(例如物质的、知识的资源)、观点(例如归因和认知偏见)和身份融合进自身的自我概念当中。关系认同表现在认知上,就是自我和他人的重合(overlap)。Aron 和 Smollan(1992)开发的自我和他人的融合量表(inclusion of other in the self scale)就是通过图片的形式来让被试选择自己和他人的重合程度(在图片中表示为两个圆圈的重合程度,其中一个圆圈代表自己,另一个圆圈代表某一特定的他人)。Anderson 和 Chen(2002)从重要他人对个体的影响来定义"关系自我",他们的研究也关注某一特定他人对个体自我概念的影响(Cross et al.,2011),因此,笔者认为他们提到的"关系自我"与 Cooper 和 Thatcher 对关系认同的定义是一致的。Anderson 和 Chen 从认知心理学的角度认为关系认同具有具体和独特(idiographic)的特征(虽然他们也认为关系认同的激活可以激活其他更一般化的心理结构,例如社会类别等,然而,这指的是关系认同的影响而非关系认同本身的特征),是指向具体的人际对象的,并且关系认同可以被情境中的人际关系线索激活。

## 第五节　自我概念的表征水平

依据自我概念的认知对象是一般化和抽象化的概念，还是具体情境化的概念，自我概念在认知中有不同的表征层次或表征水平。和研究主题一致，本研究所关注的自我概念主要指自我建构和认同。另外，自我概念在依恋领域也得到了大量研究，其许多理念和自我建构与认同领域的研究有相似的地方，对本研究有借鉴意义，本书也因此对依恋领域的相近研究做一回顾。

### 一、不同层次的自我概念通常是不同的认知结构

在自我建构领域和认同领域，许多研究者对自我概念的不同表征水平的区别（即自我建构和认同的区分）做了说明。Cooper 和 Thatcher(2010)从总体上对自我建构和认同进行了区分。他们认为自我建构是一种一般化的倾向(a general tendency)，是指个体通过与个体本身，以及自己与他人和群体的关系来定义的自我概念（即前文所述的独立自我、关系自我和群体自我，Cooper 和 Thatcher 文章的论述重点在社会关系性质的自我建构，即关系自我和群体自我）。而认同则是指个体通过与特定的(specific)他人和群体的关系而形成的自我概念。个体通过某一个体的特定关系形成的认同为关系认同(relational identification)，与某一群体(组织)的关系形成的认同为群体(组织)认同(group or organizational identification)。根据 Cooper 和 Thatcher 的观点，自我建构具有泛化抽象的性质，它所指代的对象(例如他人和群体)具有一般性的特点，而认同则具有具体的、情境化的特点。例如当一个人在思考自己的时候，他(她)可能认为自己是一个"看重人际关系的人，人际关系的好坏对我的幸福很重要"，此时关系自我处于激活状态，这里的人际关系就是一个泛化和抽象的概念。而当他(她)与某一朋友(例如小王)一起游玩时，他(她)可能认为"与小王保持良好的关系对我的幸福很重要"，此时关系认同处于激活状态，小王是一个具体的和明确的认知对象。在关系自我建构的研究中，其他研究者也做了类似的区分(Cross et al.,

2011；Cross et al.，2000；Chen et al.，2006），即将基于与他人关系的自我概念区分为关系自我（一般抽象化的概念）和关系认同（具体情境化的概念）。Chen 等更加深入地从认知机制上解释了为何要做如此区分，即人们的社会知识在记忆中既可以是以抽象化和一般化形式表征的，也可以是以高度具体化的形式表征的。实证研究方面，Linardatos 和 Lydon（2011）通过关系自我和关系认同的区分效度（divergent validity）证明了二者是不同的结构。

在依恋领域，研究者也做了类似的区分，将人际依恋分为一般抽象化的人际依恋和指向特定关系或个体的人际依恋（Baldwin et al.，1996；Collins et al.，2003；Collins et al.，1994）；在人际依恋的研究基础上，将对群体的依恋分为一般抽象化的群体依恋和指向特定群体的依恋（Smith et al.，1999）。Collins 和 Allard（2003）较为系统地提出了人际依恋的表征形式。他们认为人际依恋在认知上是层次化的，处于最上层的是最一般的、抽象化的个人与他人关系的表征；处于中间层次的是对于某些特定关系的表征（例如朋友关系、师生关系等）；处于最底层的是最为具体化的，与某一个人直接有关的表征（例如我的朋友小张）。这些不同层次的表征形态既是相互联系的，也是相互独立的。实证研究（Bartholomew et al.，1991；Baldwin et al.，1996）支持了 Collins 和 Allard 的论述，即对于特定关系的表征和对于一般人际关系的表征是不同的结构。

## 二、情境因素对不同表征水平的自我概念的激活的影响差异

情境线索可以激活自我建构和认同。如前所述，社会心理学领域（Brewer et al.，1996；Trafimow et al.，1991）和组织公平领域（Johnson et al.，2010）的研究均发现情境线索可以激活自我建构。同样，情境化的线索也会激活认同，例如社会分类或群体成员身份作为情境线索可以激活组织认同（Ashforth et al.，2008）。然而如前所述，自我建构和认同是两种独立并存的结构，那么情境线索对二者的影响是否存在差异，对哪个的影响更强，自我建构和认同领域的理论均未做出明确的说明。比较接近的论述是 Ashforth 等关于情境认同和深层次的认同的论述，他们认为情境性的认同会先于深层认同出现。因为在深层次的联结被唤醒前，个体最先意识到的

是与认同有关的情境线索(社会类别)并进行自我分类(情境认同)。这里的情境认同就是具体情境化的概念,而深层认同则是较为抽象的概念,类似于自我建构。

在依恋领域,研究者对此做了比较明确的说明(Collins et al.,2003),因此可以借用相关的概念。Collins 和 Allard 认为情境线索和自我概念的匹配(match)影响自我概念的激活。具体化情境化表征的自我概念,在情境中更容易被激活,因为对于情境线索而言,具体化情境表征的自我概念更为准确(accurate),或者说,具体情境化的表征是与情境线索直接联系的,而一般抽象化的表征在心理上则离情境线索"较远"。例如小张在与其好友小李的交往情境中,"与小李的关系"这一具体情境化的自我概念(关系认同)的激活程度要比"人际关系"这一一般抽象化表征的自我概念(关系自我)的激活程度要强。

### 三、不同层次的自我概念对结果变量的影响不同

相对于一般抽象化表征的自我概念,具体情境化表征的自我概念对与情境直接相关的结果变量的影响要更强。在依恋领域,研究者认为具体情境化的人际关系表征(相对于抽象的一般化的人际表征)对于与特定关系有关的结果变量的影响更大(Baldwin et al.,1996;Collins et al.,1994)。在自我建构和依恋领域的整合研究中,Linardatos 和 Lydon(2011)发现,关系认同,而非关系自我,对特定关系的承诺产生影响。

## 第六节 领导原型化理论[①]

领导在组织成员和组织之间起着桥梁作用。领导是否能够代表组织,

---

① 本书以"领导原型化"来定义领导对群体的代表程度。借鉴 Lipponen 等(2005)的做法,该定义整合和包含了社会认同论、公平理论和组织领域理论和实证研究的相关概念。在命名上,则借用社会认同论中的"领导原型化"的名称。然而,需要注意的是,本研究并未如社会认同论一样强调领导原型化产生于群体间比较的"动态"过程,而是将领导原型化视为类似于"个人特征"的概念,它反映了领导对于群体的代表程度。

影响着成员对组织的反应。关于领导对组织的代表程度及其影响,当前不同的理论和实证研究都进行了探索,其中比较系统的是社会认同理论中关于领导原型化(leader prototipicality)的理论(Hogg,2001),另外经典群体卷入模型及其相关的研究就领导对群体代表性的问题也进行过相关论述(Blader et al.,2009;Lind et al.,1988;Tyler et al.,2003;Tyler et al.,1992),Eisenberger 等(2010)的研究也做过类似的论述。

## 一、领导原型化的有关概念

在社会认同领域,领导原型化是指领导代表群体的价值观、信念、规范和态度(即领导对群体特征的代表)的程度(Hogg,2001;Van Knippenberg,2011)。领导原型化是一个连续变量,不同的领导对群体的代表程度不同。基于社会认同理论,Hogg 认为领导原型化产生于群体比较过程,在本群体与外群体的比较过程中,成员的群体身份(意识)凸显,进而产生去个体化(depersonalization),将领导视为群体的代表,将领导的态度或行为被视为群体的态度或行为。社会认同论强调领导原型化的积极作用,认为原型化的领导具有较高的领导效能(Hogg,2001)。这是因为成员会认为原型化的领导的行为更多地代表了群体的利益,为群体服务,从而对原型化的领导持肯定和支持的态度(Van Knippenberg et al.,2003)。

在公平领域,经典群体卷入模型的前身——群体价值模型(the group value model)(Lind et al.,1988)和关系模型(the relational model of authority)(Tyler et al.,1992)认为领导通常是群体的代表,成员可以通过领导对其是否公平来推论群体是否对自己公平。当领导对成员公平时,成员会感到自己也受到了组织的公平对待;相反,当领导不公平地对待成员时,成员也会体验到来自组织的不公平。在经典群体卷入模型中,Tyler 和 Blader 认为领导对成员(在程序执行过程中)的尊重是影响组织认同的重要因素。Blader 和 Tyler 的实证研究在对尊重的测量(他们将尊重作为组织认同的一部分)中也测量了"领导对成员的尊重"。因为他们认为成员可以依据领导对自己的态度来推论组织对自己的态度。

此外,Eisenberger 等(2010)提出了领导作为组织代表(supervisor's

organizational embodiment,SOE)的概念。Eisenberger 等认为 SOE 是一个连续变量。领导的 SOE 程度越高,其越能代表组织,领导对成员的态度可以反映组织对成员的态度。当领导的 SOE 程度低时,领导对成员的态度仅反映出领导者对成员的"个人"态度,而与组织无关。

## 二、领导原型化在公平领域的实证研究

由于组织的分配和决策程序通常由领导来完成,因此,领导在很多情况下自然承担起组织公平的执行者角色。在组织行为研究中,领导原型化的概念也运用到公平领域。这些研究以本书前面提及的相关概念为理论基础。当前的研究集中在领导原型化对公平效应的调节作用上。这些研究的基本思想是,当领导能够代表组织时,成员与领导的关系会扩展到个人与组织的关系层面,从而会影响成员对群体(组织)的反应;而当领导原型化程度低时,由于领导不能够代表组织,成员与领导的关系就会保持在个人与个人的人际关系层面,并不能影响成员对群体(组织)的反应。

在这些研究中,因变量通常采用与群体有关的变量(例如自我在群体中的地位、社会自我评价、对群体的态度等)(Seppala, Lipponen et al. , 2012;Van Knippenberg,2011),以了解领导原型化如何促成人际关系知觉向群体知觉转换。这些研究得出了如下结论:当领导原型化程度高时,公平会对群体性质的结果变量产生显著影响;而当领导原型化程度低时,公平对群体性质的结果变量的影响则不显著。Lipponen 等(2005)发现领导原型化在互动公平和成员体验到的尊敬感(respect)、成员对群体的自豪感(pride)之间有增强效应。Janson 等(2008)发现领导原型化在互动公平和成员的团体感(community)之间有调节效应。Seppala 等(2012)发现在控制了群体认同的效应后,领导原型化在互动公平、程序公平和分配公平与基于群体(category-or identity-based)的信任(trust in coworkers)之间有调节效应。

## 三、领导原型化在其他领域的研究情况

在组织行为研究的其他领域,领导原型化作为可能发挥影响的一个重要的机制,其调节作用也得到了相应的论述和实证。其基本思想也和领导

原型化在公平领域的研究一致,即领导原型化是人际关系性质的变量(成员与领导的关系)转化为群体性质的变量的机制。

Sluss 和 Ashforth(2008)提出,领导原型化是从成员对领导的关系认同(relational identification)转向成员对组织认同(organizational identification)的重要机制。当领导原型化程度高时,领导被认为可以代表组织,成员对领导的认同可以转化为组织认同(即从人际关系的认知转化到群体认知);而当领导原型化程度低时,成员对领导的认同仍然维持在人际关系层面,不会扩展到成员对群体的认同。Eisenberger 等(2010)的实证研究发现,领导作为组织代表(SOE)在领导—成员交换(leader-member exchange,LMX)和情感承诺之间起着调节作用。当 SOE 程度高时,LMX 显著影响情感承诺;而当 SOE 程度低时,LMX 对情感承诺的影响不显著。

# 第三章　研究的理论构建和总体思路

## 第一节　文献的总结

前文对过去群体卷入模型相关领域的理论文献进行了回顾,本章将对这些理论进行进一步的总结和提炼,目的在于发现这些理论之间共通的地方,或者说,在更为抽象的层面,发现这些理论所反映的一些具有共性的规律。这些从相关理论中提取出的规律将作为本研究的核心思想,指导理论的构建和变量关系的说明,最终指导基于互动公平的群体卷入模型的构建。

经过对已有文献的总结,笔者发现了两条规律。

### 一、评价变量社会属性的标准:人际关系性质 vs. 群体性质

对于一个变量的社会属性,笔者认为可以从人际关系性质和群体性质两个方面进行区分。综合前面的文献不难发现,尽管各个理论属于相对独立的研究领域,但是在评价一个变量的社会属性时,它们采用了共同的标准,即从变量是人际关系性质还是群体性质的这样一个角度去考虑。

在公平领域,如前所述,代理人—系统模型(例如 Masterson et al., 2000)对互动公平和程序公平进行了区分,而其区分背后隐含的一个标准就是互动公平在本质上来源于成员对人际互动的过程感知(人际关系性质),而程序公平是成员对组织本身的程序的感知(群体性质)。并且,互动公平和程序公平的主效应不同,前者预测与人际关系有关的结果变量,而后者预测与群体有关的结果变量;互动公平作用和程序公平作用的中介变量也不

相同,前者的中介变量为人际关系性质的中介变量(例如领导—成员交换),而后者的中介变量为群体性质的中介变量(例如组织支持)。

在自我建构领域,如前所述,研究者对社会属性的互依自我进行了进一步的区分,将其分为人际关系性质的关系自我和群体性质的群体自我,并且已证实二者是独立的结构(Cross et al.,1997;Gabriel et al.,1999;Kashima et al.,2000;Kashima et al.,1995)。研究者也进一步认为二者由不同的情境线索激活,人际关系性质的情境线索激活关系自我,而群体性质的情境线索激活群体自我(Blader et al.,2009;Brewer et al.,1996;Chen et al.,2006;杨宜音,2008)。关系自我和群体自我对应着不同的动机结果(Brewer et al.,1996)。

在认同研究领域,也存在着类似的区分。如前所述,Cooper 和 Thatcher(2010)认为组织中的认同包括人际关系性质的认同(关系认同)和群体性质的认同(组织认同)。Kark 等(2003)发现在人际关系性质的前因变量(转换型领导)和人际关系性质变量的结果变量(对领导的依赖)之间,关系认同起中介作用,而组织认同却不起中介作用(与代理人—系统模型的中介效应类似,如前所述)。

在组织公民行为领域,尽管本研究未作详细的回顾,也存在着相似的区分。研究者(Colquitt et al.,2001;Willams et al.,1991;皮永华,2006)将组织公民行为区分为对他人的组织公民行为(OCBI)和对组织的组织公民行为(OCBO)。

## 二、自我概念的表征水平:一般抽象化 vs. 具体情境化

自我概念具有不同的表征水平是本研究从与自我有关的研究中总结出的一个规律。尽管本研究所关注的自我概念限于自我建构(包括独立自我、关系自我和群体自我)和认同(包括关系认同和组织认同),但包括自我建构、认同和依恋等自我概念领域的诸多研究者(例如 Collins et al.,2003;Cooper et al.,2010)都认为自我概念包括了不同的表征水平,总的来说可以分为一般抽象化的表征和具体情境化的表征。一般抽象化表征的自我概念指与自我概念有关的认知对象(例如他人和群体)具有一般化、抽象化和泛

化的特点(例如自我建构),而具体情境化的自我概念则指与自我概念有关的认知对象具有具体化、特定化和情境化的特点(例如认同)。关于自我概念的表征水平,前面文献综述中已做了较为详尽的回顾和总结,这里就不另做详细说明。对于与自我概念有关的规律的把握有助于深入理解群体卷入模型中社会自我的中介机制。

## 第二节 研究的理论构建

### 一、研究的核心思想

通过对过去文献的回顾和研究规律的总结,笔者提出指导整个研究进行的两个核心思想,这两个核心思想直接与前面总结的相关领域的两个研究规律相对应。这两个思想包括了与之相关的理论命题。

(一)人际关系性质的变量和群体性质的变量的差异

前面文献的总结中已提到,评价变量的社会属性可以从人际关系性质和群体性质两个方面加以考虑,并且过去的研究也发现,人际关系性质和群体性质的变量存在差异。基于这种差异,本研究提出如下命题。

(1)人际关系属性的变量和群体属性的变量通常是独立的结构(例如互动公平和程序公平,关系自我和群体自我,OCBI 和 OCBO)。

(2)人际关系属性的变量和群体属性的变量具有不同的效应。同一属性的变量间相关性较大,不同类型属性的变量间相关性较小。具体而言,人际关系性质的变量之间的相关关系更密切,群体性质的变量之间的相关关系更密切。例如在互动公平领域,互动公平的主效应和相关变量的中介效应的研究均支持这一命题。

(二)自我概念的不同表征水平(一般抽象化 vs. 具体情境化)的差异

基于自我概念具有不同表征水平的规律,研究提出自我概念的不同表征水平(一般抽象化 vs. 具体情境化)的差异的思想,并提出如下命题。

(1)具体情境化的自我概念和一般抽象化的自我概念通常是相互独立

的结构(例如认同和自我建构)。

(2)情境因素对情境化的变量和抽象化的变量的影响效果不同。尽管情境线索对具体情境化的变量和一般抽象化的变量都可能产生影响,但情境线索对与之直接相联系的具体情境化变量的影响要强于对一般抽象化变量的影响(详细论述见第二章文献综述相应部分)。

(3)情境化的变量和抽象化的变量对情境化的结果变量的影响不同。具体情境化的变量对与其情境对应的结果变量的影响要大于一般抽象化变量的影响(Baldwin et al.,1996;Collins et al.,1994)。在自我建构领域,Linardatos 和 Lydon(2011)发现,关系认同,而非关系自我,对特定关系的承诺产生影响。

二、社会自我:一个整合的框架

基于前面提出的两个核心思想,研究提出与群体卷入模型的核心部分有关的理论概念,即对社会自我的定义。本研究提出社会自我的理论概念的目的在于从理论上解决当前群体卷入模型框架中对相关概念使用不一致的现象,这是对前面问题提出部分所指出的该模型的第二点不足的回应(详细内容参见问题提出部分)。只有对“社会自我”有一个明确的理论定义,才能进一步研究社会自我在群体卷入模型中的中介机制。需要说明的是,“社会自我”本身是一个相当宽泛的概念,任何与个体的社会属性和社会关系有关的自我意识(例如人际依恋)都属于社会自我的范畴。然而,和本研究的主题(群体卷入模型)直接相关,本研究所定义的社会自我限定在自我建构和认同领域,是狭义的“社会自我”。在自我建构和认同研究领域,与个体的社会属性有关的自我包括关系自我、群体自我、关系认同和组织认同,这些类型的社会自我在过去的文献中已被提及和论述(详细内容参见“文献综述”中的相关部分)。在自我建构领域,研究者对关系自我和群体自我做了区分(例如 Brewer et al.,2007)。在对组织认同的研究中,研究者对认同和自我建构做了区分(Cooper et al.,2010)。然而,如何进一步从理论的高度将它们整合到一个统一的“社会自我”框架中,当前的研究还未有涉及。

笔者认为,可以从“人际关系性质的变量和群体性质的变量的差异”和

"自我概念的不同表征水平(一般抽象化 vs. 具体情境化)的差异"这两个核心思想,来定义"社会自我"。这两个核心思想即是定义社会自我的标准和理论依据。

社会自我是对人际关系性质还是群体性质可以作为定义社会自我的第一个标准。这可以在过去的文献中找到依据,在自我建构领域有对关系自我和群体自我的区分(例如 Brewer et al.,2007),在认同领域有对关系认同和组织认同的区分(Cooper et al.,2010)。

社会自我的表征水平是对一般抽象化还是具体情境化可以作为定义社会自我的第二个标准。这也可以在过去的文献中找到依据,在认同领域有认同和自我建构的区分(Cooper et al.,2010)。虽然和本研究的"社会自我"定义无直接联系,但是在依恋领域也有类似的区分,即将依恋分为一般抽象化的依恋和具体情境化的依恋(例如 Collins et al.,2003),这对于本研究对社会自我的定义也有借鉴意义。

根据上述两个标准,社会自我可以包括四种类型:关系自我(人际关系性质和一般抽象化)、群体自我(群体性质和一般抽象化)、关系认同(人际关系性质和具体情境化)和群体(组织)认同(群体性质和具体情境化)。四种类型的社会自我落在由两个判断标准所构成的象限之中(见图 3.1)。依据过去文献中的有关论述和定义,研究对这四种类型的社会自我做出较为明确的定义和解释。

| | 人际关系性质 | 群体性质 |
|---|---|---|
| 自我建构(一般抽象化表征) | 关系自我 | 群体自我 |
| 认同(具体情境化表征) | 关系认同 | 群体认同 |

图 3.1　社会自我的结构及其表征

关系自我建构(relational self-construal),简称关系自我,具有人际关系的性质,是个体通过自己与他人(特别是关系密切的人或重要他人)的关系(例如朋友、家人、亲戚、领导和同事等)来定义的社会自我(Brewer et al.,2007;Brewer et al.,1996;Cooper et al.,2010;Cross et al.,2000;Cross et al.,2011)。和其他类型的自我建构一样,关系自我建构在认知表征水平上处于较为抽象的层次,具有一般倾向性的特点(general tendency),它是一个笼统和泛化的概念,并不针对某一具体的人物或某一特定的关系(Chen et al.,2006;Cooper et al.,2010;Cross et al.,2011)。在英文文献中,测量关系自我建构的条目通常是复数形式的。例如 Brewer 和 Chen(2007)所用到的测量"关系自我表征"(relational self-representation)的题目:"My happiness depends very much on the happiness of those around me"(p. 151,我的幸福在很大程度上取决于我周围人的幸福)。关系自我通常受人际关系性质的情境线索的影响(Chen et al.,2006),一旦关系自我被激活,个体可能会更多地考虑他人的利益和需求(Brewer et al.,1996)。

群体自我建构(collective self-construal),简称群体自我,是群体性质的社会自我,指个体通过自己所在的群体(例如家庭、公司、社区、兴趣协会和国家等)来定义的社会自我(Brewer et al.,2007;Brewer et al.,1996;Cooper et al.,2010;Cross et al.,2011)。类似于关系自我建构,群体自我建构在认知表征水平上也处于较为抽象的层次,具有一般化和泛化的特点(Cooper et al.,2010)。它并非指代某一特定的群体或组织,而是指个体所在的群体的集合。在英文文献中,关于群体自我建构的测量也常用复数形式,例如"It is important to me that I respect the decisions made by my groups"(对我而言,尊重我所在群体的决定是重要的)(Singelis,1994)。群体自我通常受与群体有关的情境线索的影响(Chen et al.,2006),一旦群体自我被激活,个体可能会更多地考虑群体的利益和需求(Brewer et al.,1996)。

关系认同(relational identification),是基于人际关系性质的社会自我,指个体通过自己与某一个特定他人的关系来定义的社会自我(Cooper et al.,2010;Shamir et al.,1998)。虽然和关系自我建构一样,关系认同是基于人际关系知觉的,但与关系自我建构是一个泛化的概念不同,关系认同在认知水平上的表征是具体的、情境化的(Anderson et al.,2002;Collins et al.,2003;Cooper et al.,2010)。关系认同所指代的对象一定是某一个具体的人物。例如,小李认为妻子是他人生的重要组成部分,那么,小李通过与妻子的关系来定义的社会自我就是关系认同。在英文文献中,关于关系认同的测量通常采用单数形式,而且是具体针对某一个体。例如 Shamir 等 (1998) 测量对领导认同的题目"I am proud to be under his command"(我很 荣幸能够接受他的领导)。关系认同通常受与人际关系直接有关的情境线 索(例如与同事和领导的关系)的影响(De Cremer et al.,2005;Kark et al.,2003),关系认同一旦被激活,个体就会更加看重关系,考虑与特定他人 的利益和需求(De Cremer et al.,2005;Kark et al.,2003;Linardatos et al.,2011)。

群体(组织)认同①(group identification),是基于群体性质的社会自我, 指个体通过自己所在的某一个特定群体或组织(例如中国)来定义的社会自 我(Ashforth et al.,2008;Mael et al.,1992)。群体认同的理论起源为社 会认同论(Tajfel,1978)。在组织研究中,对组织认同的研究很大程度上也 基于这一理论视角(Ashforth et al.,2008)。虽然同是基于群体关系知觉, 但是和群体自我建构的泛化和抽象化特点不同,群体认同是针对某一特定 的群体,是具体化和情境化的(Cooper et al.,2010;Mael et al.,1992)。在 英文文献中,测量群体认同的题目通常采用单数形式,而且是具体针对某个 群体。例如"I identify with the blue group"(我认同蓝队)(Van Leeuwen et al.,2003)。群体认同通常受群体特征(例如群体的地位、群体间的竞争 等因素)的影响(Mael et al.,1992),群体认同一旦被激活,个体会表现出利 于群体的积极态度和行为,例如组织公民行为、对组织的积极态度等 (Ashforth et al.,2008)。

## 第三节 研究总体思路

为了解决当前群体卷入模型框架中存在的问题,并最终实现研究的目 的(见第一章"绪论"部分有关内容),本书将从以下几个方面开展研究。

(1) 独立研究互动公平的效应。这是对前面所提到的群体卷入模型框

---

① 虽然在现实生活中,组织可能由不同类型的群体组成(参见 Olkkonen 和 Lipponen 的研究)。然而在本研究中,组织中的群体类型不是研究关注的重点,本研究从 本质上将组织视为单一的群体形式,将组织认同和群体认同的概念等同。

架内研究的第一点研究不足的回应。

（2）区分人际关系性质的结果变量和群体性质的结果变量。这是对前面所提到的群体卷入模型框架内研究的第四点研究不足的回应。

（3）从理论上定义"社会自我"并对其结构进行检验。这是对前面所提到的群体卷入模型框架内研究的第二点研究不足的回应。"社会自我"的定义已在前面的理论建构部分提出，其结构还有待于实证研究的检验。

（4）社会自我的中介效应的检验。这是对过去研究的第三点不足的回应。社会自我的中介效应的检验需要本研究所提出的核心思想及相关领域的理论和实证研究成果的支撑，它包括：①互动公平对各类型社会自我的主效应的检验。②不同类型的社会自我在互动公平和不同类型的结果变量（包括人际关系性质的结果变量和群体性质的结果变量）之间的中介效应。③不同类型的社会自我的中介效应强弱程度的比较。

（5）互动公平对经典群体模型中关于组织认同的中介机制（即"社会认同假设"）的深入探讨，即领导原型化的调节作用的检验，是组织认同在领导原型化和互动公平的交互作用和对组织的组织公民行为之间的中介效应的检验。这是对过去研究的第五点不足的回应，需要整合公平领域和领导原型化领域的研究。

上面五点与研究的目的直接相关，是研究的核心内容。此外，研究还要解决与主题相近的一些问题，即公平的另一面（互动不公平）对自我建构（独立自我）的影响。群体卷入模型关心公平的积极方面（公平对社会自我和积极组织行为的影响）（Tyler et al.，2003），反映的是组织中的"正能量"。但事物总有两面性，公平的另一面（不公平）影响独立自我和消极的组织行为（Brebels et al.，2008；Johnson et al.，2010；Johnson et al.，2006）。Johnson和Lord就在研究群体卷入模型（总体公平对互依自我的激活及其产生的积极结果）的同时，发现了总体不公平会激活独立自我，独立自我进一步引发消极的组织行为。因此，同Johnson和Lord的研究思路一致，在考察互动公平对社会性质的自我的影响的同时，也要考虑互动不公平对非社会性质的自我（独立自我）的影响。基于此，本研究还需要开展两方面的工作，首先要在概念上确定独立自我的结构（在操作上表现为对自我建构的整体结构的检验,确认独立自我、关系自我和群体自我是三个独立的结构,这也是对自我建构量表的修订过程);其次要研究互动不公平的实验操作对独立自我激活的影响。

笔者设计了两个研究来实现研究构想。

研究一包括如下内容:(1)自我建构和社会自我的结构检验;(2)社会自我在互动公平和结果变量之间的中介效应的检验;(3)互动公平对独立自我主效应的检验。

研究二是对领导原型化在互动公平和群体性质的变量(组织认同和对组织的组织公民行为)之间的调节作用的检验。并且,要了解领导原型化在互动公平和对组织的组织公民行为之间的调节作用是否受到组织认同的中介。

# 第四章 研究一："社会自我"的中介效应

## 第一节 研究背景和思路

经典卷入模型的"社会认同中介效应假设"强调程序执行过程中的人际对待(即互动公平)会影响社会(组织)认同,进而促进积极的组织行为(Tyler, Blader,2003)。然而,其对互动公平的效应并未做出独立的说明。因此,本研究需要研究互动公平独立作用的机制。依据代理人—系统模型,互动公平对人际关系性质的结果变量和群体性质的结果变量有不同的影响,因此,要独立研究互动公平的作用机制,对互动公平的结果变量还有必要进一步从这两个方面进行区分。

本研究以互动公平(及其有别于程序公平的作用机制)为基础,以经典卷入模型的"社会认同中介效应假设"为出发点,结合群体卷入模型框架下的已有的三个研究(De Cremer et al. , 2005;Johnson et al. , 2010;Olkkonen et al. ,2006)展开。研究的理论基础是笔者前面提出的两个核心思想以及"社会自我"的理论定义,研究将以这些理论基础提出"社会自我"的中介效应机制。

虽然经典群体卷入模型未探讨互动公平的独立效应,但在群体卷入模型框架内,Olkkonen 和 Lipponen(2006)的研究是个例外。他们通过调查研究,发现了对工作群体的认同在互动公平和人际关系性质①的结果变量之间的中介效应。这可以看作经典群体卷入模型的一个扩展,并且,在中介变量的选取上,他们沿用经典群体卷入模型所论述的"社会(组织)认同"作为中介变量。由于 Olkkonen 和 Lipponen 的研究和经典群体卷入模型在核心概念(组织认同)上的一致性,并且开展了对互动公平的研究,因此,他们的研究是本研究的参照。本研究希望能重复 Olkkonen 和 Lipponen 的研究,发现组织认同在互动公平效应中的中介作用;同时,本研究也希望能扩展 Olkkonen 和 Lipponen 的研究,对互动公平进行实验操作(而非调查研究),发现组织认同在互动公平和群体性质的结果变量(而非人际关系性质)之间的中介效应,并对组织认同的中介效应做出理论上的说明。

在群体卷入模型框架内,Johnson 和 Lord 的研究走得"较远"。他们通过自我建构(互依自我)来定义"社会自我",并发现了互依自我在总体公平(同时包括了分配公平、程序公平和互动公平)和人际关系性质的结果变量之间的中介效应。互依自我作为中介变量,和经典群体卷入模型所定义的中介变量(组织认同)是有出入的。尽管如此,笔者认为他们对自我建构作为中介变量的研究为本研究理解群体卷入模型提供了新的视角,因此也考虑将自我建构整合进群体卷入模型。在 Johnson 和 Lord 的研究基础上,本研究会单独研究互动公平,并结合自我建构领域的进展,将互依自我进一步区分为关系自我和群体自我,从理论上说明并检验关系自我(而非群体自我)在互动公平和人际关系性质的结果变量之间发挥着中介效应。

在群体卷入模型框架内,De Cremer 等的研究同样走得"较远"。他们通过调查研究发现关系认同在互动公平(他们定义为"程序公平")和组织公民行为之间起着中介作用。关系认同作为中介变量,和经典群体卷入模型所定义的中介变量(组织认同)是有出入的。同样,笔者也认为他们的研究结论为扩展群体卷入模型提供了新的视角,因此也考虑将关系认同整合进本研究,并希望能重复 De Cremer 等发现的关系认同在互动公平的效应中的

---

① 虽然在他们的文章中并未明确指出角色外行为(类似于组织公民行为)是人际关系性质还是群体性质,然而从其所用的测量条目看,测量的是对同事的角色外行为(类似 OCBI),即人际关系性质的结果变量。

中介作用。本研究也希望能扩展他们的研究,即对互动公平进行实验操作,区分人际关系性质的结果变量和群体性质的结果变量,从理论上说明并检验关系认同在互动公平和人际关系性质的结果变量之间的中介效应。

最后,在互动公平和人际关系性质的结果变量之间,可能存在多个中介变量,包括多个社会自我(关系自我、关系认同)以及控制变量(领导—成员交换,LMX),研究也会对这些中介变量效应大小的差异进行理论说明和检验。

## 第二节 研究目的

研究一的主要目的和本研究构建基于互动公平的群体卷入模型的目标直接关联(见前面问题提出部分相关内容)。具体而言,研究一要了解不同类型的社会自我在互动公平的作用过程中的中介机制,包括如下内容:(1)社会自我(包括关系自我、群体自我、关系认同和组织认同)结构的检验;(2)互动公平对社会自我各成分的主效应;(3)各类型的社会在互动公平和结果变量(包括人际关系性质的结果变量和群体性质的结果变量)之间的中介效应的检验;(4)各类型的社会自我各成分的中介效应的大小的比较。

如前所述,本研究也对群体卷入模型相近领域进行探讨,包括如下方面:(1)自我建构(包括独立自我、关系自我和群体自我)的结构检验;(2)同Johnson 和 Lord 的研究一样,研究一也研究公平的消极方面(互动不公平)对非社会性质的自我概念(独立自我)的影响。

## 第三节 研究假设

### 一、自我建构的结构

在自我建构领域,研究者认为自我建构包括独立自我、关系自我和群体自我三个成分,并且这三个成分是相互独立的概念,特别是关系自我建构和群体自我建构的区分是近年来自我建构领域的研究进展(详细内容见第二章"文献综述"部分）。和之前的研究对自我建构的测量一致（Brewer et al.，2007；Cross et al.，2000；Kashima et al.，2000），笔者也认为关系自我和群体自我是两个独立的结构，对关系自我和群体自我的结构区分是后续开展关系自我中介效应检验的概念基础，因为只有确定二者是独立的结构，才能确认关系自我（而非群体自我或互依自我）的独特的中介效应，研究提出如下假设：

H1a：关系自我和群体自我是独立的结构。

在关系自我和群体自我的区分基础上，笔认为自我建构是包括了独立自我、关系自我和群体自我三个独立成分的结构。研究提出如下假设：

H1b：自我建构包括了独立自我、关系自我和群体自我三个独立的结构。

## 二、社会自我的结构

本研究将对与社会情境密切联系的自我概念（社会自我）的结构进行检验。社会自我结构的确定是后续进行不同类型的社会自我（关系自我、关系认同和组织认同）中介效应检验的概念基础，根据第三章对社会自我的理论定义，提出如下假设：

H2：社会自我包括了关系自我、群体自我、关系认同和群体（组织）认同四个独立的结构。

## 三、互动公平对自我建构的主效应

### （一）互动公平对关系自我和群体自我的不同影响（关系自我和群体自我的区分）

尽管关系自我和群体自我的区别在自我建构领域得到了研究。但是当前在公平领域，并没有研究探究公平是否对关系自我和群体自我有不同的影响。虽然 Johnson 和 Lord 通过实验操作，发现包含了互动公平、分配公平和程序公平在内的总体公平（overall justice）会激活互依自我。但是，他们并没有将互依自我区分为关系自我和群体自我，也未独立地检测互动公平的效应。因此，互动公平是否对关系自我和群体自我产生不同的影响，现在还没有研究予以说明。互动公平对关系自我和群体自我的不同影响,一方面是本研究对二者在概念上的独立性的进一步确认;另一方面是后续进行关系自我中介效应检验的基础。研究可以据此确定是关系自我(而非群体自我或互依自我)的中介效应。

本研究在 Johnson 和 Lord 的研究基础上,进一步对互动公平对关系自我和群体自我是否有不同的效应进行检验。检验的依据为前面所提出的"人际关系性质的变量和群体性质的变量的差异"这一核心思想及其相关的理论基础(见前文理论建构部分)。根据这一思想下的命题"人际关系性质的变量之间的相关关系更密切",笔者认为作为人际关系性质的情景线索,互动公平会激活关系自我,但是不会激活群体自我。该假设的提出也是过去的文献中的相关发现和论述一致的。首先,在组织行为研究领域,公平是常见的激活自我建构的情境线索(Johnson et al.,2006;Lord et al.,1999;Johnson et al.,2010),并且互动公平是人际关系性质的情境线索(Bies et al.,1986;Tyler et al.,2003),因此,互动公平可以激活自我建构的相应成分。其次,关系自我是人际关系性质的变量,它可以被互动公平激活。在对互动公平的效应进行专门研究的代理人—系统模型中,研究者发现互动公平会激活基于人际关系的结果变量(Colquitt,2001;Cropanzano et al.,2002;Masterson et al.,2000;周浩等,2005)。在自我建构领域,Chen 等(2006)提出"人际关系线索会激活关系自我,但是不会激活群体自我";在公平领域,Sedikides 等(2008)认为人际间的尊重(resepct)与关系自我联系。具体到群体卷入模型研究中,Blader 和 Tyler(2009)也认为互动公平"很可能和人际关系性质的自我而非群体性质的自我联系"。最后,群体卷入框架中的研究一致发现公平对社会性质的自我概念产生正向影响(De Cremer et al.,2005,Johnson et al.,2010;Olkkonen et al.,2006),因此互动公平对关系自我也会产生正向影响。综合以上论述,笔者认为作为人际关系性质的情景线索,互动公平会激活关系自我,但是不会激活群体自我。研究提出如下假设:

H3:互动公平对关系自我的激活有显著的正向影响,但不会影响群体自我。

（二）互动不公平对独立自我的影响

公平启发式理论（fairness heuristic theory，FHT）（Lind，2001）认为，当人们受到不公平对待时，独立自我会被激活。Johnson 和 Lord 的研究支持了这一观点，他们发现总体的不公平会激活独立自我。然而，他们并未对互动不公平是否影响独立自我进行检验。

本研究在 Johnson 和 Lord（2010）的研究基础上检验互动公平对独立自我的影响，基于公平启发式理论，提出如下假设：

H4：互动不公平对独立自我的激活有显著的正向影响。

四、互动公平对组织认同的主效应

前面提到，研究者认为互动公平或人际性质的情境线索会影响人际关系性质的自我，但不会影响群体性质的自我（Blader et al.，2009；Chen et al.，2006）。本书前文也提出了互动公平不会影响群体自我这一群体性质的自我建构的假设。那么，互动公平是否也不会影响组织认同这一群体性质的社会自我呢？

笔者认为要回答这一问题，首先必须对群体性质的自我做进一步的说明或区分。根据本书对社会自我的理论定义，群体性质的自我包括了群体自我和组织（群体）认同两个概念。本研究认为二者是不同的结构，因为群体自我是自我建构的一种类型，是一般抽象化的自我概念，离具体的情境"较远"；而组织认同则是具体情境化的自我概念，和具体的（组织）情境直接联系。因此，互动公平对群体自我不产生影响并不意味对组织认同也不会产生影响。

在对群体自我和组织认同的概念进行理论区分的基础上，根据研究提出的第二个核心思想（"自我概念的表征水平：一般抽象化 vs. 具体情境化"）及与之相关的研究论述（Collins et al.，2003），笔者认为当情境线索与自我概念匹配（match）时，相应的自我概念就会激活。由于组织认同受组织的情境线索直接的影响（Ashforth et al.，1989；Ashforth et al.，2008），因此，它是与情境线索匹配程度较高的概念，会被组织的情境线索（互动公平）所激活。从这个意义上讲，互动公平激活关系自我（人际关系性质的自我）的同时,也会激活群体性质(但是具体情境化)的组织认同。这也和 Chen 等 (2006)的论述一致,他们认为个体与他人的互动很可能是在群体(例如组织)的情境下进行的,"虽然大部分情境下,情境线索激活的是与其同一种类型(人际或群体性质)的社会自我,但是也存在这两种类型的社会自我被同时激活的情况……这取决于被激活的自我概念的重要性(importance)和易得性(accessibility)"。由于组织认同与组织情境的匹配,它(对于组织情境线索而言)是重要的和易得的自我概念。因此,互动公平会影响组织认同的激活。

另外,在群体卷入模型中,程序执行中的人际对待(即互动公平)对组织认同的影响更是模型的核心(Blader et al.,2009;Tyler et al.,2003),并且得到了现场研究的支持(Olkkonen et al.,2006)。

综上所述,研究认为,与情境线索(互动公平)密切联系的组织认同会受到互动公平的影响。这与群体卷入模型框架的论述和研究发现是一致的,研究提出如下假设:

H5:互动公平会显著地正向影响组织认同。

### 五、互动公平对关系认同的主效应

在组织行为研究领域,基于人际关系的自我概念(例如关系认同)的研究还非常少(Chang et al.,2011;Sluss et al.,2008;Van Knippenberg et al.,2004)。当前文献中,仅有一项研究考察了互动公平对关系认同的影响,De Cremer 等发现互动公平("同事对自己的尊敬",他们的定义为程序公平)会影响对同事的认同。然而他们采用的是调查研究的范式,未对互动公平进行实验操作。

基于上述研究和本研究对关系认同的定义及两个核心思想,研究认为,互动公平作为人际关系性质的情境线索,会影响关系认同(人际关系性质同时是具体情境化的社会自我)(Andersen et al.,2002;De Cremer et al.,2005)。综上所述,研究提出如下假设:

H6:互动公平会显著地正向影响关系认同。

### 六、社会自我的中介效应

关于互动公平对各类型的社会自我的主效应的作用机制,前面已做了论述,本书将以此为基础(互动公平主效应的检验事实上也是中介效应检验的一部分),进一步论述社会自我的中介效应。社会自我的中介效应的检验是群体卷入模型框架的研究的核心,当然也是本研究的核心和重点所在。

研究对中介变量选择的依据是群体卷入模型框架下的已有研究(De Cremer et al.,2005;Johnson et al.,2010;Olkkonen et al.,2006)。但正如前面所言(见问题的提出部分),这些中介变量孤立地分布在不同的研究中,并没有研究对其整合检验及从理论机制上对各变量的中介效应加以说明。然而,"一个中介变量的效应,说明的是其他所有中介变量的效应得到控制后该中介变量的中介能力"(Preacher et al.,2008)。换句话说,只有其他可能的中介变量效应得到控制,某个中介变量的效应才有意义。在群体卷入模型框架下,Johnson 和 Lord(2010)也提出今后的研究要同时考虑多个中介变量的效应,以便更好地理解公平的作用机制。

因此,本研究对这些分布在不同研究中的可能的中介变量,进行整合性的检验。本书前面理论建构部分提出的两个核心思想和社会自我的理论定义将为中介效应的检验提供理论上的支撑和机制上的说明。对社会自我的中介效应的检验包括了两个部分:第一部分是各类型的社会自我在互动公平和结果变量之间的中介效应;第二部分是对不同类型的社会自我中介效应的大小进行比较。

(一)各类型的社会自我在互动公平和结果变量之间的中介效应

1.社会自我中介效应的机制(理论命题)

社会自我的中介效应的理论支持为本研究的第一个核心思想"人际关系性质的变量和群体性质的变量的差异"及其理论基础之一的代理人—系统模型。根据该思想,同一属性的变量间相关性较大,不同类型属性的变量间相关性较小。具体而言,人际关系性质的变量之间的相关关系更密切,群体性质的变量之间的相关关系更密切。在代理人—系统模型的研究中(详细内容见第二章"文献综述"相关部分),研究者发现人际关系性质的中介变量在互动公平和人际关系性质的结果变量之间起中介作用,群体性质的中介变量在互动公平和群体性质的结果变量之间起中介作用。在对领导的研究领域也有类似的发现(Kark et al.，2003；Masterson et al.，2000)。

因此,结合本书对社会自我的定义,研究提出社会自我中介效应机制的理论命题:总的来说,人际关系性质的社会自我(关系自我、关系认同)会在互动公平人际关系性质的结果变量(对领导的评价和对领导的帮助行为)之间起中介作用,群体性质的社会自我(组织认同)会在互动公平和群体性质的结果变量(对组织的组织公民行为)之间起中介作用。该定义是对不同类型的社会自我发挥中介效应的理论机制说明。下面是对每一个社会自我中介效应的具体论述。

2.各类型的社会自我中介效应的检验(具体的研究假设)

在自我建构领域,研究者认为关系自我建构与人际关系性质的结果变量有关,具有引发动机的作用,与关系自我有关的结果变量包括对他人的表征、对他人福祉和利益的关心等(Brewer et al.，1996；Gore et al.，2006；Gore et al.，2009；Markus et al.，1991)。因此,当关系自我被互动公平激活后,会进一步影响人际关系性质的结果变量(对领导的评价和对领导的帮助行为)。因此,研究提出如下假设:

H7:关系自我在互动公平和人际关系性质的结果变量(对领导的评价和对领导的帮助行为)之间起着中介作用。

在群体卷入模型框架下,De Cremer 等(2005)发现对同事的认同在互动公平和组织公民行为之间起中介作用。然而他们未对互动公平进行实验操作,并且结果变量采用的是整体的组织公民行为,并未从人际关系性质角度和群体性质角度对组织公民行为进行进一步的区分。本书认为,关系认同会影响基于人际关系的结果变量。在对关系认同的研究中,研究者发现关系认同会促进成员对领导的忠诚,激励成员考虑领导的利益(综述请见 Van Knippenberg et al.，2004),并且,关系认同在人际关系性质的前因变量(转换型领导)和人际关系性质的结果变量(对领导的依赖)之间起中介作用(Kark et al.，2003)。综上所述,研究提出如下假设:

H8:关系认同在互动公平和人际关系性质的结果变量(对领导的评价

和对领导的帮助行为)之间起着中介作用。

"社会认同中介效应假设"是经典群体卷入模型的核心,组织认同的中介作用在群体卷入模型框架内得到了研究的证实(Blader et al.,2009;Lipponen et al.,2004;Olkkonen et al.,2006)。与本研究直接相关的是Olkkonen和Lipponen的研究,他们发现了工作群体认同在互动公平和对同事的角色外行为(人际关系性质的结果变量)的中介效应。

但是Olkkonen和Lipponen发现的组织认同在互动公平和人际关系性质的结果变量之间的中介效应与前面在社会自我中介效应的机制中群体性质的社会自我(组织认同)会在互动公平和群体性质(而非人际关系性质)的结果变量之间起中介作用的命题是不一致的。可能的原因是虽然Olkkonen和Lipponen考虑了多个中介变量(组织认同和工作群体认同)的影响,但二者都是群体性质的,他们并未考虑人际关系性质的中介变量的效应。在另一个领导领域的相似的研究中,Kark等的研究支持了本研究的观点。他们发现当关系认同(人际关系性质的中介变量)和组织认同(群体性质的中介变量)同时进入中介模型时,组织认同仅在转换型领导(反映的是成员与领导的关系,在这点上和领导的互动公平类似)和群体性质的结果变量(例如基于组织的自尊、集体效能感)之间起中介作用。

考虑到本研究与Kark等的研究更为相似,即在领导的互动公平情境下同时考虑人际关系性质(关系自我和关系认同)和群体性质(组织认同)中介变量的效应,因此本研究认为组织认同仅在互动公平和群体性质(而非人际关系性质)的结果变量之间起中介作用。因此,研究提出如下假设:

H9:组织认同在互动公平和群体性质的结果变量(对组织的组织公民行为)之间起着中介作用。

领导—成员交换不是本研究关注的重点,并且和社会自我来源于两个不同的理论视角。前者是基于社会交换理论(Blau,1964),而后者是基于自我概念的研究。但是领导成员交换是与互动公平联系非常紧密的变量,许多研究发现了它在互动公平和人际关系性质的结果变量之间的中介作用(Cropanzano et al.,2002;Masterson et al.,2000;Rupp et al.,2002)。因此,如果不同时将领导—成员交换放入中介模型的话,会使模型的中介效应失去说服力。在群体卷入模型框架下,Johnson 和 Lord(2010)也认为除了自我概念,社会交换知觉是公平作用的一个重要的中介变量。因此,本研究将领导—成员交换作为中介变量引入群体卷入模型,主要目的在于探索"控制"了其影响后人际关系性质的社会自我(关系认同和关系自我建构)的中介效应情况。因此,研究提出如下假设:

H10:领导—成员交换在互动公平和人际关系性质的结果变量(对领导的评价和对领导的帮助行为)之间起着中介作用。

综合上述研究假设,本书提出社会自我在互动公平和结果变量之间的中介效应的假设模型(见图 4.1)。

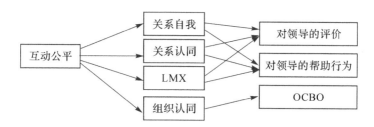

图 4.1　社会自我在互动公平和结果变量之间的中介效应假设模型
注:LMX 指领导—成员交换;OCBO 指对组织的组织公民行为。

(二)各类型的社会自我中介效应大小的比较

本书根据"人际关系性质的变量和群体性质的变量的差异"这一研究的核心思想及其理论基础之一的代理人—系统模型提出了社会自我中介效应的机制,并以此针对不同类型的社会自我的中介效应提出了假设。在互动公平和群体性质的结果变量之间,仅有组织认同这一个中介变量。而在互动公平和人际关系性质的结果变量之间,有三个人际关系性质的中介变量(关系自我、关系认同和领导—成员交换)起中介作用(见图 4.1)。那么这三个人际关系性质的中介变量的效应大小又如何呢?这就涉及多个中介变量效应大小比较的问题(Preacher et al.,2008)。

1.各类型社会自我的中介效应大小比较的机制(理论命题)

本书认为对这三个中介变量的大小比较需要借助于本研究提出的第二个核心思想,即"自我概念的不同表征水平(一般抽象化 vs.具体情境化)的差异",以及与之有关的社会自我的理论定义。本研究提出多个中介变量效应大小的比较机制的理论命题:相对于一般抽象化的变量(关系自我),具体的情境化的中介变量(关系认同和领导—成员交换)由于与情境线索(自变量)和结果变量(因变量)的联系更加紧密,其中介效应也应该更强。

2.各类型社会自我的中介效应大小的比较(具体的研究假设)

基于上述命题,对关系自我、关系认同和领导—成员之间的中介效应大小的比较的具体分析如下。

对于关系认同和关系自我中介效应的比较而言,本书根据"自我概念的不同表征水平(一般抽象化 vs.具体情境化)的差异"这一核心思想(详细内容见前面的理论建构部分)提出:①情境线索对与之直接相联系的具体情境化变量的影响要强于对一般抽象化变量的影响。本研究中,互动公平(实验操作)可以视为情境线索,而根据本书对社会自我的理论定义,关系认同为具体情境化的社会自我,它与情境线索直接有关(关系认同的对象即为互动公平的实施者);而关系自我为一般抽象化的社会自我,与情境线索的关系并不直接(关系自我的认知对象无特指性,并不直接指向互动公平的实施者)。因此,可以认为自变量(互动公平)对关系认同的影响要大于对关系自我的影响。②具体情境化的变量对与其情境对应的结果变量的影响要大于一般抽象化变量的影响。本研究中,关系认同和两个人际关系性质的结果变量(对领导的评价和对领导的帮助行为)都与情境线索直接有关(都是指向互动公平的实施者,即领导),但是如前所述,关系自我与情境线索无直接的关系。因此,可以认为关系认同对人际关系性质的结果变量的影响要大于关系自我的影响。③综上所述,互动公平对关系认同的影响强于对关系自我的影响,关系认同对人际结果变量的影响强于关系自我对人际结果变量的影响。由此,关系认同的中介效应大于关系自我的中介效应。

虽然领导—成员交换不是基于社会自我的中介变量,但是和关系认同一样,领导—成员交换是具体情境化的中介变量。对领导—成员交换和关系自我的中介效应的比较可以做出相似的推论。笔者认为,领导—成员交换的中介效应要大于关系自我的中介效应。

综上所述，笔者认为在互动公平和人际关系性质的结果变量之间，与具体情境直接联系的中介变量的中介效应要强于一般抽象化的中介变量的效应。研究提出如下假设：

H11a：关系认同在互动公平和人际关系性质的结果变量（对领导的评价和对领导的帮助行为）之间的中介效应强于关系自我的中介效应。

H11b：领导—成员交换在互动公平和人际关系性质的结果变量（对领导的评价和对领导的帮助行为）之间的中介效应强于关系自我的中介效应。

最后，同样是与直接情境联系的变量，关系认同和领导—成员交换在互动公平和人际关系性质的结果变量之间的中介效应的相对强弱程度又是如何呢？这涉及基于社会交换的理论和基于自我概念的理论的比较问题，然而现阶段这方面的理论探索和实证研究还比较缺乏，Van Knippenberg 等因此认为，在领导研究领域，整合社会交换相关理论和自我概念相关理论是一个重要的研究方向。而根据本研究的两个核心思想，它们都是人际关系性质的，并且又都是与具体情境相联系的，其中介效应大小难以做出判断。尽管如此，在方法层面，用相应的统计方法（Bootstrap），可以对不同中介变量中介效应的大小进行统计比较（Preacher et al.，2008）。因此，对于关系认同和领导—成员交换的中介效应大小的比较，可以依据研究结果做出事后的探索性的判断。

## 第四节　研究方法简介

### 一、自变量的操作和反应变量的测量

研究一采用"情境故事"（scenario）的方法操作互动公平。通过情境故事法对公平进行实验操作是公平研究中常见的方法（De Cremer et al.，2005；方学梅，2009；周浩等，2005），并且自我概念可以被情境线索（情境故事）所激活（Anderson et al.，2002；Brewer et al.，1996；De Cremer et al.，2005；Chen et al.，2006；Johnson et al.，2010；Trafimow et al.，1991；柴

俊武等,2011)。研究一以大学生为被试,实验情境背景设定在大学生所熟悉的领域——与自己关系密切的学生事务的参与。周浩等(2005)的研究证明了以大学生为被试,此类情境(大学的学生事务中的公平)设定的有效性。

通过自我报告的问卷法对反应变量进行测量,包括了自我建构和与组织行为有关的变量(领导—成员交换、关系认同、组织认同、对领导的帮助行为、对领导的评价和对组织的组织公民行为)。在实验情境中,与组织行为有关的变量的指代对象分别是实验情境中的"领导(学院辅导员)"和情境中大学的某"学院"。在中国的大学,学院(系)的辅导员对学生日常学习和生活进行管理和指导,并且在一定程度上拥有资源分配的权力,辅导员和学生拥有权力上的差异,因此在这个意义上,学生与辅导员的关系可以视为领导与成员的关系。同样,对情境中学院的认同也是组织认同的一种具体体现,因为组织认同是指向特定的群体或组织。

## 二、研究结果的分析

研究通过探索性因素分析对自我建构的题目进行项目分析;通过验证性因素分析对自我建构和社会自我的总体结构进行检验;通过方差分析、协方差分析、回归分析,对互动公平对相关变量影响的主效应进行分析;通过逐步检验法(Baron et al.,1986),以及 Bootstrap 法(Preacher et al.,2008;Shrout et al.,2002)进行中介效应的检验。

## 三、整体路线

根据对前面的相关内容的总结,绘制出研究一的整体路线图(见图4.2)。

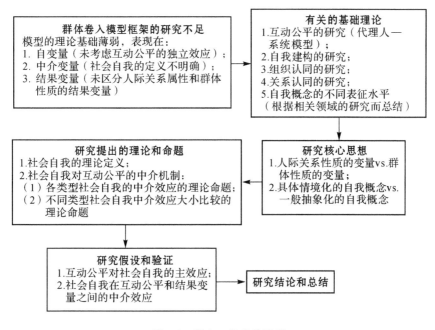

图 4-2　研究一的整体路线

## 第五节　研究一各实验简介

研究一围绕经典群体卷入模型的"社会认同中介效应假设"（Tyler et al.，2003）展开，通过对该模型框架下的相关研究（De Cremer et al.，2005；Johnson et al.，2010；Olkkonen et al.，2006）的整合，说明不同类型的社会自我的中介机制。研究一包括三个实验。

实验一在 Johnson 和 Lord（2010）的研究基础上，进一步检验关系自我作为单一中介变量在互动公平和人际关系性质的结果变量之间的中介效应。只有确定关系自我的中介效应（作为单一中介变量），才能进一步将其与其他类型的中介变量进行整合研究。同 Johnson 和 Lord 的研究一致，本研究也希望发现互动不公平对独立自我的影响。要完成上述目的，需要有可靠的自我建构量表。因此，实验一需要翻译和修订国外的自我建构量表，初步确定其信效度。实验一是在群体卷入模型框架的研究领域首次检验关系自我在互动公平作用过程中的中介效应，从这个意义上讲，实验一在一定程度上具有探索研究的性质,为后续的研究做准备。

实验二对经典群体卷入模型的"社会认同中介效应假设"进行探讨,以 Olkkonen 和 Lipponen(2006)的研究为出发点,试图解决其研究结论(组织认同在互动公平和人际关系性质的结果变量之间的中介效应)与现有关于互动公平的研究(代理人—系统模型的研究)不一致的地方。笔者认为需要在他们的研究基础上引入人际关系性质的中介变量(即关系自我),说明组织认同和关系自我的不同中介路径。因此,实验二需要检验组织认同在互动公平和群体性质(而非人际关系性质)的结果变量之间的中介效应、关系自我在互动公平和人际关系性的结果变量之间的中介效应(重复实验一的结论)。从概念的测量角度,实验二将继续验证自我建构的信效度,以重复实验一的结论。

实验三将在实验二的基础上,继续对经典群体卷入模型的"社会认同中介效应假设"进行探讨。实验三同样以 Olkkonen 和 Lipponen(2006)的研究为出发点,并在 De Cremer 等(2005)研究(关系认同作为单一中介变量的研究)的基础上,引入关系认同作为中介变量。实验三将对本书提出的"社会自我"的理论概念进行结构上的验证,希望发现关系认同在互动公平和人际关系性质的结果变量之间的中介效应;并且重复实验二的结论,即组织认同和关系自我的中介效应。由于在实验三中,互动公平和人际关系性质的结果变量之间可能存在多个效应显著的中介变量,包括社会自我(关系自我和关系认同)以及控制变量(领导—成员交换),因此本书还需要进一步对它们的中介效应大小的差异进行比较。

## 第六节 实验一

### 一、研究背景和问题的提出

在自我建构领域,研究者发现自我建构包括独立自我、关系自我和群体自我三个成分,特别是对关系自我和群体自我的区分,是自我建构领域近年来的一个研究进展(Brewe et al.,2007;Cross et al.,2011;杨宜音,2008)。

在公平领域,研究者认为公平作为情境线索可以激活自我建构(Johnson et al., 2006; Lord et al., 1999; Johnson et al., 2010)。在群体卷入模型框架下,Johnson 和 Lord 发现了总体公平会激活互依自我,总体不公平会激活独立自我。并且,互依自我在总体公平和人际关系性质的结果变量(对实验者的信任和合作)之间起着中介作用。然而,他们并未单独研究互动公平,并未将互依自我区分为关系自我和群体自我,并未研究关系自我在互动公平和人际关系性质的结果变量之间的中介效应。因此只有明确了关系自我(作为单一中介变量)在互动公平和人际关系性质的结果变量之间的中介效应,后续对不同类型的社会自我的多个中介变量的研究才能展开。

### 二、研究思路、研究目的和研究假设

实验一的研究目的是在群体卷入模型的框架下整合互动公平和自我建构领域的研究成果。同自我建构领域的研究进展一致,本书认为互依自我可以进一步区分为群体自我和关系自我两个独立的结构,互动公平对它们有不同的影响,关系自我(而非群体自我)在互动公平和人际关系性质的结果变量之间起中介效应。

具体而言,实验一包括以下几个目的:①翻译现有的自我建构量表,在中国文化背景下对其进行修订,确定自我建构各维度(独立自我、关系自我和群体自我,包括了关系自我和群体自我在结构上的区别)的信效度和合适的测量题目;②在 Johnson 和 Lord 的研究基础上,进一步了解互动公平对关系自我和群体自我具有的不同效应,从而间接说明关系自我和群体自我是不同的结构;③在 Johnson 和 Lord 的研究基础上,了解互动不公平是否也能激活独立自我;④在 Johnson 和 Lord 的研究基础上,检验关系自我在互动公平和人际关系性质的结果变量之间的中介效应。

研究的假设提出见前面相应部分。实验一所要检验的假设包括:H1a、H1b、H3、H4 和 H7。

## 三、研究方法

### (一)实验设计

实验的自变量为互动公平,包括互动公平和互动不公平两种情境。实验的反应变量包括互动公平的操作检验、自我建构(包括独立自我、关系自我和群体自我三个维度)和人际关系性质的结果变量(包括对领导的评价和对领导的帮助行为)。

### (二)实验程序

根据先前文献中对公平进行实验操作的范式(De Cremer et al.,2005;方学梅,2009;周浩等,2005)以及自我建构可以被情境线索所激活的研究(Brewer et al.,1996;Johnson et al.,2010;柴俊武等,2011),本研究采用"情境故事"法对互动公平进行操纵(包括互动公平和互动不公平两种实验情境),被试通过角色扮演,想象故事所描绘的场景并体会自己的心理感受,然后填写问卷。

一方面,为了增强实验情境的影响,在每一部分量表的开头,会通过指导语引导被试回想情景故事及"自己"的心理感受(因为自我建构虽然会受情境线索的影响,但是本研究在理论上认为它是一般抽象的概念,与情境无直接关系,所以对自我建构量表的指导语未做此处理,即没有提醒被试回想情境材料)。例如,在对领导(即场景中的辅导员)的评价的量表的开头,会出现如下指示语:"请结合场景材料,根据自己的实际感受判断你对场景中的辅导员的态度。"为了增强提示效果,会在"场景材料"和"场景中的辅导员"等关键语句的文字格式上均做加粗、加下划线等处理(见附录4和附录5的相应内容)。另一方面,这些指导语也起到将问卷的题目进行"心理隔离"(psychological separation)的作用(例如通过指导语将测量中介变量的题目和因变量的题目分开),从而可以降低共同方法偏差(common method bias)(Podsakoff et al.,2003)。

### (三)实验被试

实验被试为浙江传媒大学在校学生。被试在安静的课堂上阅读指导语和"情境故事",然后填写问卷。本研究共发放 136 份问卷,回收有效问卷为 130 份。其中男生 19 人,女生 111 人。被试平均年龄 19.4 岁。被试被随机分配到互动公平情境($n=59$)和互动不公平情境($n=71$)中。

(四)互动公平的实验操作和实验材料

通过"情境故事"法对互动公平进行实验操作。实验的情境背景设计参考了周浩等在 2005 年所做的研究,情境背景设定在大学生所熟悉的领域——与自己关系密切的学生事务的参与。通过指导语提醒被试即将阅读一段场景,请他们认真想象场景中的"自己"的心理感受。

场景的设计遵循了 Bies 和 Moag(1986)对互动公平的定义,即互动公平是组织的程序在执行过程中人们所受到的人际对待。它包括了决策执行者对成员的尊敬和真诚的对待(respect)、行为礼貌得体(propriety)、对决策程序的耐心解释(justification)。

实验材料所设定的场景是被试所在的学院要进行学生干部选举改革,学院希望听取本院学生的意见(组织的决策程序),由辅导员(决策执行者)负责收集同学们的意见。在互动公平的情境下,辅导员会热情地欢迎来访的同学(被试)、认真倾听其意见并做记录(互动公平的尊敬和真诚对待,以及行为礼貌得体要素),并且详细地对被试解释学院为何决定进行学生干部选举改革(互动公平的解释要素)。在互动不公平情境下,辅导员会对被试的来访反应冷淡、不予理睬,在谈话过程中心不在焉且很快打断被试的谈话,并且辅导员也不会解释为何要进行此次改革。关于实验情境的详细描述参见附录 1。

(五)反应变量的测量

1.互动公平的操作检验

互动公平的操作检验量表的设计借鉴了 Colquitt(2001)设计公平量表的思想和过去研究中所采用的互动公平的测量题目(Colquitt,2001;皮永华,2006)。互动公平的操作检验采用间接的测量(indirect measure)方法,不是直接询问被试感觉有"多么公平",而是采用对于互动公平的标准或要素(尊重和礼貌对待)的直接测量(Colquitt,2001)。

互动公平的操作检验共两道题目:"这次谈话中,我受到了辅导员的尊重。""这次谈话中,我受到了辅导员的礼貌对待。"题目采用李克特七点量表计分(1—非常不同意;7—非常同意)。量表内部一致性系数(Cronbach's $\alpha$)为 0.985。

**2. 自我建构量表**

自我建构量表的构建主要是对国外的成熟量表的翻译和修订。问卷首先由笔者将英文翻译成中文,进行初步修订;然后请 5 位心理学研究生进行讨论,最终确定合适的中文问卷;最后请 2 位英语系研究生将中文问卷回译成英文,并与问卷原文对照,对差异比较明显的翻译题目进行修订,从而形成最终问卷。最终形成的自我建构问卷共有 27 道题目,其中独立自我 6 道题目($\alpha$ 系数为 0.794)、关系自我 11 道题目($\alpha$ 系数为 0.777)、群体自我 10 道题目($\alpha$ 系数为 0.836)。题目采用李克特七点量表计分(1—非常不同意;7—非常同意)。

独立自我和关系自我量表的开发主要采用自我建构量表相应部分的翻译。如前所述,自我建构和个体—集体主义在概念和测量上存在共通性(Brewer,Chen,2007;Cross et al.,2011;Singelis,1994;Singelis et al.,1995)。研究在开发独立自我和关系自我量表的时候也参考了国外成熟的个体—集体主义量表的相应题目并翻译。关系自我来源于过去研究中的成熟量表,共有 11 道题目,分别来源于 Brewer 和 Chen(2007)、Hardie(2009)、Cross 等(2000)。独立自我来源于过去研究中的成熟量表,其中 4 道题目来源于 Brewer 和 Chen(2007)的独立自我量表,2 道题目来源于个体主义量表(Singelis et al.,1995;Triandis,Gelfand,1998)。测量独立自我和关系自我的量表题目所对应的文献来源见表 4.1。

**表 4.1 自我建构量表(27 道题目)的来源文献**

| 自我建构维度 | 来源文献 | 题目(见附录 5 第一部分) |
|---|---|---|
| 关系自我 | Brewer 等(2007) | 1、8、9、10、11 |
| | Hardie(2009) | 2 |
| | Cross 等(2000) | 3、4、5、6、7 |

续表

| 自我建构维度 | 来源文献 | 题目（见附录 5 第一部分） |
|---|---|---|
| 独立自我 | Brewer 等（2007） | 12、13、14、15 |
| | Singelis 等（1995） | 16 |
| | Triandis 等（1998） | 17 |
| 群体自我 | Cross 等（2000） | 18、19 |
| | Mael 等（1992） | 20、21、22、23 |
| | Singelis（1994） | 24、25、27 |
| | Singelis 等（1995） | 26 |

　　与对独立自我和关系自我的测量不同,单独测量群体自我的题目在自我建构领域还比较少(Cross et al.,2011)。与群体自我概念有关的题目主要出现在 Singelis(1994)测量互依自我的题目当中。另外,相似的题目也出现在测量集体主义的问卷中(例如 Singelis et al.,1995;Triandis et al.,1998)。然而这些题目更多的是测量个人对群体利益的关注和对群体的服从(即 Brewer 和 Chen 定义的 group value)。对严格意义上的"群体自我"(通过群体来定义的自我,即 Brewer 和 Chen 定义的 group self—representation)的测量的成熟量表还比较少。在这种情况下,如何开发群体自我量表? Hogg 等(2012)认为对新概念的测量可以借鉴已有的相似概念的成熟量表。在与群体自我概念有关的实证研究中,这样的做法比较常见。例如 Brewer 和 Chen(2007)在 Cross 等(2000)的关系自我量表的基础上开发了"群体自我"量表(同样的例子见 Gabriel,Gardner,1999)。Smith 等(1999)依据人际依恋量表开发了群体依恋量表。Linardatos 和 Lydon(2011)以 Cross 等(2000)的关系自我建构量表为基础,开发了针对特定关系的关系认同量表(relationship—specific identification)。Kark 等(2003)在组织认同量表的基础上开发了对领导的关系认同量表。这类研究在开发新量表时的具体做法是,将已有量表的关键词(例如"my close relationships")替换为新构念的关键词(例如"my close groups")。根据前人研究的经验,对于群体自我量表的开发主要有两个途径:一是对已有的关系自我、群体自我和集体主义量表中有关的题目进行翻译和修订;二是基于已有的组织认同量

表进行修订和开发。选择组织认同量表作为群体自我量表开发的基础主要有两个原因:一是组织认同和群体自我在概念上相近(都是与群体有关的自我概念);二是是组织认同量表在国内已有大量的研究应用,相对比较成熟。基于本研究对于组织认同和群体自我的区别,在开发群体自我量表时,本书将组织认同量表中具有指向特定认同对象含义的名词(例如特定公司的名称)替换成为非特指性的、具有宽泛含义的名词(例如群体),最终形成了10道测量群体自我的题目,其中2道题目改编自 Cross 等的关系自我量表,4道题目改编自 Mael 和 Ashforth(1992)的组织认同量表,3道题目来源于 Singelis(1994)的互依自我量表,1道题目来源于 Singelis 等(1995)的集体主义量表。测量群体自我量表的具体题目所对应的文献来源见表4.1。

3.人际关系性质的结果变量的量表

人际关系性质的结果变量包括对领导的评价和对领导的帮助行为。这里的"领导"指实验情境中的"辅导员",如前所述,由于存在权力上的差异,学生与辅导员的关系可以视为领导与成员的关系。这两个变量广泛运用于关于互动公平的研究中(Cropanzano et al., 2002; Masterson et al., 2000)。

为了克服量表可能产生的共同方法偏差,在设计问卷时可以对预测变量和反应变量采用不同的量表形式(Podsakoff et al., 2003)。在设计人际关系性质的结果变量的量表时除了采用李克特量表(例如自我建构的量表形式),还引入了语义差别量表。

对领导(辅导员)的评价由2道题目构成:"经过这次谈话,你对辅导员的印象怎样(采用语义差别量表,1—非常不好,7—非常好)"和"你对辅导员在谈话中的表现感到满意吗?(采用语义差别量表,1—非常不满意,7—非常满意)"。量表 $\alpha$ 系数为0.971。

对领导(辅导员)的帮助行为由2道题目构成:"如果有机会,我愿意主动协助辅导员管理班级事务(采用李克特7点量表,1—非常不同意;7—非常同意)"和"假如下周有班级活动,辅导员希望同学们出谋划策,你愿意提建议吗?(采用语义差别量表,1—非常不愿意,7—非常愿意)"。量表 $\alpha$ 系数为0.672。

## 四、研究结果

### (一)自我建构量表的修订

#### 1.量表的项目分析

对于量表的项目分析采用探索性因素分析法。探索性因素分析法通过对量表的各维度(关系自我、独立自我和群体自我)对应的题目的同质性检验来进行项目分析。检验的标准是条目的因素载荷值小于 0.45,则考虑将其删除(吴明隆,2010b)。

对关系自我分量表采用探索性因素分析。KMO 值为 0.741,卡方值为 367.281,自由度为 55,显著性水平小于 0.001,说明可以进行因素分析 (Fabrigar et al.,1999;吴明隆,2010b)。采用主成分分析和方差最大化正交旋转法。指定提取数目为 1,对关系自我量表(11 道题目)进行因素分析发现,因素解释的变异量为 32.264%。各题目的因素载荷值如下:0.370(题目1)、0.500(题目 2)、0.574(题目 3)、0.553(题目 4)、0.633(题目 5)、0.377(题目 6)、0.520(题目 7)、0.698(题目 8)、0.731(题目 9)、0.574(题目 10)和0.602(题目 11)。其中因素载荷值在 0.45 以上的题目共有 9 道。

对独立自我分量表采用探索性因素分析。KMO 值为 0.740,卡方值为 225.869,自由度为 15,显著性水平小于 0.001,说明可以进行因素分析。采用主成分分析和方差最大化正交旋转法。指定提取数目为 1,对独立自我量表(6 道题目)进行因素分析,因素解释的变异量为 49.700%。所有条目载荷值均在 0.45 以上。各题目的因素载荷值如下:0.671(题目 12)、0.723(题目 13)、0.739(题目 14)、0.814(题目 15)、0.626(题目 16)、0.640(题目 17)。

对群体自我分量表采用探索性因素分析。KMO 值为 0.818,卡方值为 426.812,自由度为 45,显著性水平小于 0.001,说明可以进行因素分析。采用主成分分析和方差最大化正交旋转法。指定提取数目为 1,对群体自我量表(10 道题目)进行因素分析发现,因素解释的变异量为 41.520%。所有条目载荷值均在 0.45 以上。各题目的因素载荷值如下:0.594(题目 18)、0.668(题目 19)、0.617(题目 20)、0.808(题目 21)、0.754(题目 22)、0.677(题目 23)、0.624(题目 24)、0.501(题目 25)、0.576(题目 26)、0.567(题目 27)。

2. 自我建构量表的修订

对自我建构量表的修订考虑到三个因素:(1)根据上面因素分析的结果(条目自身与其维度的同质性),同质性较小的题目考虑删除;(2)由于本研究的背景是情境实验,还要考虑量表条目对实验材料反应的敏感性,受实验情境操作影响较小的条目考虑删除;(3)问卷本身的长度不能太长,应该与过去研究中的类似量表的题目保持一致(例如 Johnson 和 Lord 所用的自我建构量表为 15 道题目)。

根据上述标准,通过方差分析了解互动公平对关系自我的各条目的影响情况,互动公平对关系自我各条目影响差别较大(显著性从 $p=0.019$ 到 $p=0.952$)。选取受互动公平实验操作影响较大,同时因素载荷大于 0.45 的 5 道题目(题目 2、4、5、7、9)作为修订后的关系自我量表。

由于互动公平对独立自我各条目影响差别不大(显著性从 $p=0.101$ 到 $p=0.736$),因此,量表的修订主要考虑到量表长度的需要,独立自我量表去掉两道因素载荷值最小的题目(题目 16 和题目 17),剩余 4 道题目作为修订后的独立自我量表。

由于互动公平对群体自我各条目影响差别不大(显著性从 $p=0.159$ 到 $p=0.824$),因此,考虑到理论和量表长度的需要进行修订,群体自我中题目 24、25、26、27 更多反映的是个体对群体利益或规范的尊重与服从,类似于 Brewer 和 Chen(2007)所定义的"群体价值"(group value)条目,而非严格意义上的"群体自我"(即 Brewer 和 Chen 所定义的 group-representation)条目。因此,对这类题目仅保留因素载荷值最大的一道题目(题目 24),将题目 25、26、27 删除,而事实上,这 3 道被删除的题目在群体自我量表中的因素载荷值也是最低的。修订后的群体自我量表共有 7 道题目。

3. 修订后的自我建构量表的信效度

修订后的自我建构量表各维度具有较好的信度,关系自我的 $\alpha$ 系数为 0.644,独立自我的 $\alpha$ 系数为 0.770,群体自我的 $\alpha$ 系数为 0.816。

对于修订后的自我建构量表效度,研究从内容效度、结构效度两方面进行考量。

由于本书的量表设计有相应的理论基础,量表各维度的条目均选自过去的成熟问卷中的对应条目,笔者在翻译和修订的时候请多位专家做了判断和讨论,因此,可以认为量表具有较高的内容效度。

如前所述,由于自我建构具有较为坚实的理论和实证研究基础,对其结构效度采用验证性因素分析的方法(吴明隆,2010a)。模型的拟合指数主要采用 $\chi^2/df$,GFI、AGFI、IFI、TLI、CFI 和 RMSEA 等指标。$\chi^2/df$ 小于 1 表示模型过度匹配(即模型具有样本独立性),$\chi^2/df$ 在 1 和 3(较宽松的标准是 1 和 5)之间时表示模型可以接受。GFI、AGFI、IFI、TLI、CFI 则需要大于 0.9。RMSEA 小于 0.1 表示模型可以接受,在 0.05 和 0.08 之间则表示模型良好,而小于 0.05 则表示模型拟合非常好(侯杰泰,温忠麟,成子娟,2004;吴明隆,2010a)。

如表 4.2 所示,模型总体上拟合良好,IFI、TLI、CFI 和 GFI 都大于或接近 0.9。$\chi^2/df=1.574$(在 1 和 3 之间),RMSEA$=0.067<0.08$。关系自我对各测量题目影响的路径系数均显著($\lambda_1=0.448$,$p<0.001$;$\lambda_2=0.566$,$p<0.001$;$\lambda_3=0.650$,$p<0.001$;$\lambda_4=0.350$,$p<0.01$;$\lambda_5=0.553$,$p<0.001$);独立自我对各测量题目影响的路径系数均显著($\lambda_1=0.390$,$p<0.001$;$\lambda_2=0.615$,$p<0.001$;$\lambda_3=0.735$,$p<0.001$;$\lambda_4=0.813$,$p<0.001$);群体自我对各测量题目影响的路径系数显著($\lambda_1=0.391$,$p<0.001$;$\lambda_2=0.456$,$p<0.001$;$\lambda_3=0.572$,$p<0.001$;$\lambda_4=0.853$,$p<0.001$;$\lambda_5=0.771$,$p<0.001$;$\lambda_6=0.610$,$p<0.001$;$\lambda_7=0.555$,$p<0.001$)。自我建构的因素结构得到支持。

(二)人际关系性质结果变量的区分效度

为了探讨两个人际关系性质的结果变量(对领导的评价和对领导的帮助行为)是否为两个独立的结构,本书采用结构方程建立模型的方法对其区分效度进行分析。首先根据研究设计建立两个变量作为独立结构的双因素模型,再建立两个变量的所有题目聚合在一个维度上的单因素模型,并对两个模型的拟合情况进行比较,从而确定哪个模型能更好地被接受。

两个模型的各拟合指数见表 4.2。双因素模型的拟合情况较好(GFI、AGFI、IFI、TLI 和 CFI 均大于 0.9,RMSEA 小于 0.05),并且好于单因素模型的拟合情况,两个模型的差异显著 $\Delta\chi^2(1)=11.706$,$p<0.01$。因此,人际

关系性质的结果变量包括对领导的评价和对领导的帮助行为两个概念。

（三）变量的相关系数、描述统计和信度

各变量的相关系数、描述统计和信度分析见表 4.3。对性别（1＝女性；0＝男性）和互动公平（1＝公平；0＝不公平）均作哑变量编码。自我建构采用修订后的量表进行相应的分析。

（四）互动公平的操作检验

以互动公平为自变量，互动公平的操作检验题目为因变量进行单因素方差分析。相对于互动不公平情境（$M=1.690$），在互动公平情境下，被试报告了更多的公平体验（$M=6.483$）。$F(1,128)=1.432E3$，$p<0.001$。说明互动公平的实验操作是成功的。

（五）互动公平对自我建构（采用修订后的量表）的主效应①

1. 控制变量

控制变量为人口统计学变量，包括性别和年龄。过去的研究发现性别是影响自我建构的重要因素（Cross et al.，1997；Kashima et al.，2000；Kashima et al.，1995；Maddux et al.，2005；Madson et al.，2001）。另外，年龄也可能对自我建构产生影响。由相关分析（见表 4.3）可知性别、年龄与自我建构各维度均无显著的相关，因此，不将控制变量纳入后续分析。

2. 互动公平对自我建构的影响

单因素方差分析表明互动公平对关系自我建构影响显著。$F(1,128)=6.997$，$p<0.01$。相对于互动不公平情境（$M=5.378$），在互动公平情境下，被试报告了更多的关系自我意识（$M=5.685$）。

单因素方差分析表明互动公平对独立自我建构影响不显著。$F(1,128)=0.031$，$p=0.860$。

----

① 对未经修订的初始自我建构量表（27 道题目），笔者也尝试做了主效应分析。结果和修订后的量表基本一致。互动公平对关系自我建构影响边缘显著，$F(1,128)=3.236$，$p=0.074$。相对于互动不公平情境（$M=5.238$），在互动公平情境下，被试的关系自我更高（$M=5.436$）。互动公平对独立自我建构影响不显著，$F(1,128)=0.253$，$p=0.616$。互动公平对群体自我建构影响不显著，$F(1,128)=0.281$，$p=0.597$。

表 4.2 各模型的拟合指数

| 变量 | 模型 | $\chi^2$ | $df$ | GFI | AGFI | IFI | TLI | CFI | RMSEA |
|---|---|---|---|---|---|---|---|---|---|
| 自我建构 | 三因素模型 | 151.062 | 96 | 0.883 | 0.834 | 0.914 | 0.889 | 0.911 | 0.067 |
| | 双因素模型 | 0.080 | 1 | 1.000 | 0.997 | 1.002 | 1.013 | 1.000 | 0.000 |
| 评价和帮助 | 单因素模型 | 11.786 | 2 | 0.958 | 0.789 | 0.977 | 0.930 | 0.977 | 0.195 |

注:"评价"是"对领导(辅导员)的评价"的简称。"帮助"是"对领导(辅导员)的帮助行为"的简称。

表 4.3 各变量的描述统计、相关系数和信度($n=130$)

| 变量 | $M$ | $SD$ | 1 | 2 | 3 | 4 | 5 | 6 | 7 | 8 |
|---|---|---|---|---|---|---|---|---|---|---|
| 1. 年龄 | 19.377 | 1.109 | — | | | | | | | |
| 2. 性别 | — | — | 0.082 | — | | | | | | |
| 3. 互动公平 | — | — | -0.157 | 0.071 | — | | | | | |
| 4. 关系自我 | 5.517 | 0.675 | 0.015 | 0.072 | 0.228* | (0.644) | | | | |
| 5. 独立自我 | 4.840 | 1.158 | 0.169 | -0.09 | 0.016 | -0.033 | (0.770) | | | |
| 6. 群体自我 | 5.285 | 0.833 | 0.071 | 0.086 | 0.025 | 0.372** | -0.181* | (0.816) | | |
| 7. 评价 | 3.835 | 2.251 | -0.129 | 0.081 | 0.897** | 0.334** | -0.01 | 0.144 | (0.971) | |
| 8. 帮助 | 4.462 | 1.584 | -0.113 | 0.038 | 0.531** | 0.310** | -0.024 | 0.262** | 0.686** | (0.672) |

注:①性别(1=女性;0=男性)和互动公平(1=公平;0=不公平)均做哑变量编码。
②"评价"是"对领导(辅导员)的评价"的简称。
③"帮助"是"对领导(辅导员)的帮助行为"的简称。
④自我建构是采用修订后的量表(16道题目)进行相应的分析。
⑤表格斜线括号内的数字是各变量的信度系数(Cronbach's α)。
⑥* $p<0.05$,** $p<0.01$。

单因素方差分析表明互动公平对群体自我建构影响不显著。$F(1,128)=0.081$，$p=0.776$。

（六）关系自我（采用修订后的量表）在互动公平和人际关系性质的结果变量之间的中介效应①

由相关分析可知（见表 4.3），控制变量对因变量均无显著影响，因此，在分析关系自我的中介效应时，就不再将控制变量放入回归模型。

对中介效应的分析，采用 Baron 和 Kenny 的逐步检验法进行中介分析。根据逐步检验法，检验步骤如下：（1）自变量对中介变量影响显著；（2）自变量对因变量影响显著；（3）当自变量和中介变量同时进入回归方程，中介变量对因变量的影响显著。在第三步中，如果自变量对因变量的影响变得不显著，说明中介变量发挥着完全中介作用；如果自变量对因变量的影响降低但仍然显著，说明中介变量发挥着部分中介作用。

第二步中已发现互动公平对关系自我影响显著。现在仅需完成第一步和第三步。在中介分析中，同 Johnson 和 Lord 对中介效应分析的做法，将分类变量互动公平做哑变量处理（1＝公平；0＝不公平）。关系自我的中介效应分析见表 4.4。

表 4.4 关系自我在互动公平和人际关系性质的结果变量之间的中介效应（$n=130$）

| 变量 | 对领导（辅导员）的评价（$\beta$） | | 对领导（辅导员）的帮助行为（$\beta$） | |
|---|---|---|---|---|
| | 第二步 | 第一步 | 第二步 | 第一步 |
| 自变量 | | | | |
| 互动公平 | 0.897*** | 0.866*** | 0.531*** | 0.486*** |
| 中介变量 | | | | |
| 关系自我 | | 0.137** | | 0.199** |
| $R^2$ | 0.805 | 0.823 | 0.282 | 0.320 |
| $\Delta R^2$ | 0.805*** | 0.018** | 0.282*** | 0.038** |

注：①互动公平（1＝公平；0＝不公平）作哑变量编码。
②* $p<0.05$，** $p<0.01$，*** $p<0.001$。

---

① 对未经修订的初始关系自我量表（11 道题目），笔者也尝试做了中介效应分析，也发现了显著的中介效应。

1.关系自我在互动公平和对领导(辅导员)的评价之间的中介效应

采用分层回归的方法进行中介效应分析。第一步,将互动公平引入回归模型,检验其对成员领导的评价的影响。互动公平的影响显著($\beta = 0.897$,$p < 0.001$)。第二步,进一步引入关系自我后,回归模型总体上变化显著($\Delta R^2 = 0.018$,$p < 0.01$)。关系自我对成员对领导的评价影响显著($\beta = 0.137$,$p < 0.01$),互动公平对领导的评价影响变小但仍然显著($\beta = 0.866$,$p < 0.001$),说明关系自我在互动公平和对成员对领导的评价之间起着部分中介的作用。

2.关系自我在互动公平和对领导(辅导员)的帮助行为之间的中介效应

第一步,将互动公平引入回归模型,检验其对领导(辅导员)的帮助行为的影响。互动公平的影响显著($\beta = 0.531$,$p < 0.001$)。第二步,进一步引入关系自我后,回归模型总体上变化显著($\Delta R^2 = 0.038$,$p < 0.01$)。关系自我对成员对领导(辅导员)的帮助行为影响显著($\beta = 0.199$,$p < 0.01$)。互动公平对成员对领导(辅导员)的帮助行为影响变小但仍然显著($\beta = 0.486$,$p < 0.001$),说明关系自我在互动公平和对领导的评价之间起着部分中介的作用。

## 五、讨论

实验一在 Johnson 和 Lord(2010)的研究基础上,进一步整合了群体卷入模型和自我建构的研究。实验一对群体卷入模型的贡献(也是对 Johnson 和 Lord 的研究的推进)在于其将自我建构领域关于关系自我和群体自我的区分的研究思路运用于互动公平的研究中,通过对互动公平进行独立的实验操作,本书发现了互动公平对关系自我和群体自我的不同影响以及关系自我(作为单一中介变量)在互动公平和人际关系性质的结果变量之间的中介效应。实验一的结论为本书后续对不同类型的社会自我的多个中介变量的效应检验奠定了基础。

实验一在中国背景下对国外的自我建构量表进行了修订。通过修订后的量表发现,关系自我和群体自我是两个独立的结构,自我建构是包括了独立自我、关系自我和群体自我在内的三因素的结构,并且,各分量表具有较

好的信度。这和自我建构领域的研究进展是一致的(Brewer et al. , 2007;
Brewer et al. , 1996;Kashima et al. , 2000)。

以此为基础,实验一将关系自我和群体自我的区分运用到群体卷入模
型中,Johnson 和 Lord(2010)发现了互依自我在总体公平和人际关系性质
的结果变量之间的中介效应。实验一在他们的研究基础之上,发现互动公
平会激活人际关系性质的自我(关系自我),但是不会激活群体性质的自我
(群体自我),从而说明了自我建构领域关于关系自我和群体自我的区分也
可以运用到公平领域当中(也进一步间接地验证了关系自我和群体自我是
两个不同的概念)。在此基础上,研究进一步发现了关系自我在互动公平和
人际关系性质的结果变量之间的中介效应。然而,研究并未发现互动不公
平对独立自我的影响。这和 Johnson 和 Lord 的研究是不一致的。

尽管实验一对自我建构量表做了修订并初步确立了其因素结构,然而
其信效度还有待于在不同的样本中做进一步的检验。互动公平对关系自我
和群体自我的不同效应还有待于重复研究。实验一对关系自我的中介效应
的检验,是在单一中介变量的背景下进行的,当引入其他可能的中介变量
后,关系自我的中介作用还有待于进一步的证实。

实验一的主要结论如下:(1)关系自我和群体自我是独立的结构。
(2)自我建构包括了独立自我、关系自我和群体自我三个因素。(3)互动公
平对关系自我的激活有显著的正向影响。(4)关系自我在互动公平和人际
关系性质的结果变量之间起着中介效应。

# 第七节　实验二

## 一、研究背景和问题的提出

程序执行过程中的人际对待(interpersonal treatment)(即互动公平)会
影响成员对组织的认同。这是经典群体卷入模型的核心(即"社会认同中介
效应假设")。然而,如前所述,经典群体卷入模型仅将互动公平作为程序公
平的一部分,未就互动公平对组织认同的独立影响进行研究。在群体卷入

模型的框架内,唯一的例外是 Olkkonen 和 Lipponen(2006)的研究,他们发现了工作群体认同在(领导的)互动公平和对工作群体的人际关系性质的结果变量(对他人的角色外行为)的中介效应。

然而,如果从代理人—系统模型的视角来看 Olkkonen 和 Lipponen(2006)的研究,就会发现他们的结论和代理人—系统模型的发现(例如Masterson et al., 2000)并不一致。因为依据代理人—系统模型,群体性质的中介变量不应该在互动公平和人际关系性质的结果变量之间起中介效应。

Olkkonen 和 Lipponen(2006)的研究与代理人—系统模型冲突的一个可能原因是他们并未引入(控制)人际关系性质的中介变量。尽管他们在研究中同时检验了两个中介变量(组织认同和工作群体认同),但本质上二者都是群体性质的认同。

那么,在群体卷入模型的组织认同中介效应这一核心假设基础上,如果引入人际关系性质的中介变量,是否人际关系性质的中介变量更有可能在互动公平和人际关系性质的结果变量之间起中介效应呢? 在领导研究领域,Kark 等(2003)发现当同时引入人际关系性质的中介变量(关系认同)和群体性质的中介变量(组织认同)时,组织认同仅在转换型领导和群体性质的结果变量之间起中介作用;关系认同仅在转换型领导和人际关系性质的结果变量之间起中介作用。实验二也沿着 Kark 等的思路,对 Olkkonen 和Lipponen(2006)的研究进行扩展,引入人际关系性质的中介变量(关系自我),结合实验一的发现(关系自我的中介效应),笔者认为组织认同仅在互动公平和群体性质的结果变量之间起中介作用,关系自我仅在互动公平和人际关系性质的结果变量之间起中介作用。

## 二、研究思路、研究目的和研究假设

实验二在 Olkkonen 和 Lipponen(2006)的研究基础上,引入人际关系性质的中介变量(关系自我),并且将结果变量区分为人际关系性质的结果变量和群体性质的结果变量。根据本书提出的社会自我的中介效应的机制(基于"人际关系性质的变量和群体性质的变量的差异"核心思想以及代理人—系统模型),研究认为人际关系性质的中介变量在互动公平和人际关系性质的结果变量之间起中介效应,群体性质的中介变量在互动公平和群体性质的结果变量之间起中介效应。

实验二采用关系自我作为人际关系性质的中介变量。在群体卷入模型框架内,Johnson 和 Lord(2010)发现了自我建构(互依自我)在互动公平和人际关系性质的结果变量之间的中介作用。前面实验一将互依自我进一步地区分为了关系自我和群体自我,并且发现关系自我在互动公平和人际关系性质的结果变量之间起着中介作用。

与 Olkkonen 和 Lipponen(2006)的研究一致,本研究采用组织认同作为群体性质的中介变量,认为组织认同在互动公平和群体性质的中介变量之间起中介作用。

综上所述,实验二的研究目的如下:(1)检验自我建构量表的结构(重复实验一的研究结论);(2)检验互动公平对关系自我和群体自我的不同效应(重复实验一的研究结论);(3)了解互动不公平对独立自我的影响(继续实验一的研究);(4)检验关系自我在互动公平和人际关系性质的结果变量之间的中介作用(重复实验一的研究结论);(5)检验组织认同在互动公平和群体性质的结果变量(对组织的组织公民行为,OCBO)之间的中介作用。

研究的假设提出见前面相应部分。实验二所要检验的假设包括:H1a、H1b、H3、H4、H5、H7 和 H9。

## 三、研究方法

### (一)实验设计

实验设计基本同实验一。不同之处在于,相比实验一,实验二在反应变量上增加了组织认同和对组织的组织公民行为(OCBO)。实验二的自我建构问卷采用的是实验一修订后的题目(16 道题目)。

（二）实验程序

实验程序与实验一相同。

（三）实验被试

实验被试为浙江树人大学和浙江工业大学在校学生。被试在安静的课堂阅读指导语和"情境故事"，然后填写问卷。共发放 143 份问卷，回收有效问卷为 133 份。其中男生 54 人，女生 79 人。浙江树人大学 83 人，浙江工业大学 50 人。被试平均年龄 19.7 岁。被试被随机分配到互动公平情境（$n=$ 70）和互动不公平情境（$n=$63）中。

（四）互动公平的实验操作和实验材料

互动公平的实验操作和实验材料与实验一相同。

（五）反应变量的测量

1.互动公平的操作检验

与实验一所用条目相同。量表的 $\alpha$ 系数为 0.976。

2.自我建构量表

采用实验一修订后的量表，共 16 道题目。其中测量关系自我的题目 5 道（量表的 $\alpha$ 系数为 0.678），测量独立自我的题目 4 道（量表的 $\alpha$ 系数为 0.708），测量群体自我的题目 7 道（量表的 $\alpha$ 系数为 0.828）。

3.组织（学院）认同量表

组织认同量表共 4 道题目。这里的"组织"指实验情境中的"学院"。量表改编自组织认同和群体（社会）认同研究的相应题目（Doosje et al., 1995；Ellemers et al., 1999；Mael et al., 1992）。题目分别是："我认同我所在的学院""学院的事就是我的事""我很乐意成为学院的一员""我对学院的感觉良好"。题目采用李克特七点量表计分（1—非常不同意；7—非常同意）。量表的 $\alpha$ 系数为 0.837。

4.人际关系性质的结果变量的量表

与实验一条目相同，包括对领导的评价和对领导的帮助行为。对领导的评价由 2 道题目构成，量表的 $\alpha$ 系数为 0.975。对领导的帮助行为由 2 道题目构成，量表的 $\alpha$ 系数为 0.692。

5.对组织的组织公民行为(OCBO)量表

OCBO 量表的编制参考了相关的定义和过去的量表(Podsakoff et al.，1990；皮永华，2006)。量表共 2 道题目："如果有机会,我愿意向学院提建议以帮助学院了解学生的需求"和"我会积极参加学院组织的活动",分别代表组织公民行为的"建议"和"公民美德"。量表的 $\alpha$ 系数为 0.813。

## 四、研究结果

### (一)变量的相关系数、描述统计和信度

各变量的相关系数、描述统计和信度分析见表 4.5。对学校类型(1=浙江工业大学;0=浙江树人大学)、性别(1=女性;0=男性)和互动公平(1=公平;0=不公平)做哑变量编码。

### (二)量表的效度分析

1.关系自我和群体自我的结构效度和区分效度分析

由于关系自我和群体自我区分是自我建构领域的新进展,是本书采用的自我建构三因素模型的基础,也是本书第三章所提出的理论定义"社会自我"的基础,因此,本书首先对关系自我和群体自我的效度做检验。

本书建构了两个模型进行比较,以便确定最能被接受的模型。第一个模型是将关系自我和群体自我作为两个结构的模型(双因素模型)。第二个模型根据早期自我建构理论对互依自我的定义,将关系自我和群体自我整体作为一个结构(互依自我),即单因素模型。

模型的拟合指数见表 4.6。可以看到,双因素模型从整体拟合良好($\chi^2/\mathrm{d}f=1.829$,介于 1 和 3 之间;GFI、IFI 和 CFI 均大于 0.9;RMSEA<0.08),并且两个因素对各自测量题目的影响的路径系数均在 0.001 水平上达到显著水平(见图 4.3),说明双因素模型具有较好的结构效度。

表 4.5　各变量的描述性统计、相关系数和信度（$n=133$）

| 变量 | M | SD | 1 | 2 | 3 | 4 | 5 | 6 | 7 | 8 | 9 | 10 | 11 |
|---|---|---|---|---|---|---|---|---|---|---|---|---|---|
| 1. 学校类型 | — | — | | | | | | | | | | | |
| 2. 年龄 | 19.670 | 0.814 | 0.546** | | | | | | | | | | |
| 3. 性别 | — | — | 0.168 | 0.059 | | | | | | | | | |
| 4. 互动公平 | — | — | −0.041 | 0.022 | 0.074 | — | | | | | | | |
| 5. 关系自我 | 5.480 | 0.788 | −0.031 | 0.037 | 0.263** | 0.181* | (0.678) | | | | | | |
| 6. 独立自我 | 4.579 | 1.043 | −0.056 | −0.005 | −0.017 | 0.062 | 0.070 | (0.708) | | | | | |
| 7. 群体自我 | 5.550 | 0.899 | −0.095 | 0.006 | 0.261** | 0.165 | 0.556** | 0.083 | (0.828) | | | | |
| 8. 学院认同 | 4.921 | 1.196 | −0.271** | −0.175* | 0.148 | 0.304** | 0.262** | 0.122 | 0.518** | (0.837) | | | |
| 9. 评价 | 4.026 | 2.382 | −0.120 | 0.001 | 0.025 | 0.889** | 0.191* | 0.092 | 0.252** | 0.443** | (0.975) | | |
| 10. 帮助 | 4.556 | 1.717 | −0.302** | −0.100 | 0.036 | 0.590** | 0.237** | 0.134 | 0.407** | 0.666** | 0.729** | (0.692) | |
| 11. OCBO | 5.139 | 1.315 | −0.278** | −0.215* | 0.117 | 0.175* | 0.181* | 0.185* | 0.485** | 0.779** | 0.264** | 0.567** | (0.813) |

注：①学校类型（1＝浙江工业大学；0＝浙江树人大学）、性别（1＝女性；0＝男性）和互动公平（1＝公平；0＝不公平）均做哑变量编码。
②"评价"是"对领导（辅导员）的评价"的简称。"帮助"是"对领导（辅导员）的帮助行为"的简称。OCBO 指对学院（组织）的组织公民行为。
③表格斜线括号内的数字是各变量是各变量的信度系数（Cronbach's α）。
④ $p < 0.05$，** $p < 0.01$。

表 4.6　各模型的拟合指数

| 变量 | 模型 | $\chi^2$ | d$f$ | GFI | AGFI | IFI | TLI | CFI | RMSEA |
|---|---|---|---|---|---|---|---|---|---|
| 关系自我和群体自我 | 双因素模型 | 96.954 | 53 | 0.902 | 0.855 | 0.906 | 0.880 | 0.904 | 0.079 |
|  | 单因素模型 | 118.326 | 54 | 0.875 | 0.820 | 0.862 | 0.827 | 0.859 | 0.095 |
| 自我建构 | 三因素模型 | 139.823 | 98 | 0.892 | 0.851 | 0.931 | 0.912 | 0.928 | 0.057 |
| 群体自我和组织认同 | 双因素模型 | 82.925 | 41 | 0.902 | 0.843 | 0.930 | 0.903 | 0.928 | 0.088 |
|  | 单因素模型 | 191.476 | 42 | 0.774 | 0.644 | 0.748 | 0.663 | 0.743 | 0.164 |
| OCBO、评价和帮助 | 三因素模型 | 16.698 | 6 | 0.963 | 0.870 | 0.983 | 0.956 | 0.982 | 0.116 |
|  | 双因素模型 | 63.167 | 8 | 0.861 | 0.635 | 0.910 | 0.829 | 0.909 | 0.229 |
|  | 单因素模型 | 139.890 | 9 | 0.717 | 0.339 | 0.786 | 0.640 | 0.784 | 0.332 |

注：①"评价"是"对领导（辅导员）的评价"的简称。
②"帮助"是"对领导（辅导员）的帮助行为"的简称。

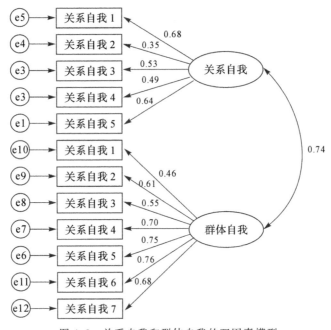

图 4.3　关系自我和群体自我的双因素模型

而单因素模型的拟合情况不佳。两个模型进行比较，也有显著的差异，$\Delta\chi^2(1)=21.372$，$p<0.01$。说明从整体上而言，关系自我和群体自我为两个独立的结构。这两个因素对各自测量题目的影响的路径系数均达到显著水平。

2.自我建构的结构效度分析

在关系自我和群体自我的区分基础上,进一步进行自我建构的结构效度分析。同实验一,将自我建构视为由关系自我、独立自我和群体自我构成的三因素结构。

模型的拟合指数见表 4.6。可以看到,模型整体上拟合较好($\chi^2/df =$ 1.427,介于 1 和 3 之间;IFI、TLI 和 CFI 均大于 0.9;RMSEA<0.08),并且自我建构的三个因素对各自测量题目的路径系数均在 0.001 的水平(除了关系自我对条目 2 的影响在 0.01 水平上显著外)达到显著水平(见图 4.4),说明自我建构的三因素模型具有较好的结构。

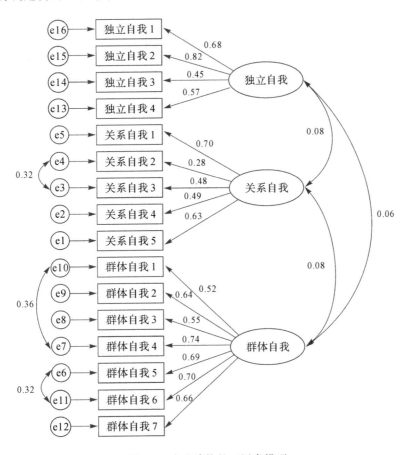

图 4.4 自我建构的三因素模型

3.组织认同和群体自我的结构效度和区分效度分析

组织认同和群体自我是本书定义的"社会自我"的基础。由于本书在开发群体自我量表时参考了已有的组织认同量表（见实验一有关部分），为了确认两个量表测量的是不同的概念，这里建立两个模型。第一个模型是将组织认同和群体自我作为两个结构的模型（双因素模型）。第二个模型将组织认同和群体自我作为一个结构，即单因素模型。

模型的拟合指数见表 4.6。可以看到，双因素模型总体上拟合良好（$\chi^2/df = 2.023$，介于 1 和 3 之间；GFI、IFI、TLI 和 CFI 均大于 0.9；RMSEA＝0.088＜0.1），并且两个因素对各自的测量题目的影响的路径系数均达到显著水平，说明双因素模型具有良好的结构。组织认同对于各测量题目的影响的路径系数均达到显著水平（$\lambda_1 = 0.804, p < 0.001; \lambda_2 = 0.696, p < 0.001; \lambda_3 = 0.822, p < 0.001; \lambda_4 = 0.792, p < 0.001$）。群体自我对于各测量题目的影响的路径系数均达到显著水平（$\lambda_1 = 0.477, p < 0.001; \lambda_2 = 0.608, p < 0.001; \lambda_3 = 0.563, p < 0.001; \lambda_4 = 0.666, p < 0.001; \lambda_5 = 0.751, p < 0.001; \lambda_6 = 0.772, p < 0.001; \lambda_7 = 0.703, p < 0.001$）。

而单因素模型拟合情况并不理想，并且两个模型差异显著，$\Delta\chi^2(1) = 108.551, p < 0.01$。说明组织认同和群体自我是不同的结构，二者具有较好的区分效度。

4.因变量的区分效度分析

为了确认因变量是不同的概念结构，本书建立了三个模型。第一个模型是将 OCBO、对领导的评价和对领导的帮助行为作为三个独立的结构，即三因素模型；第二个模型是将人际关系性质的结果变量（对领导的评价和对领导的帮助行为）作为一个结构，群体性质的结果变量（OCBO）作为另一个结构，即双因素模型；第三个模型是将三个变量作为一个结构，即单因素模型。

模型的拟合指数见表 4.6。可以看到，三因素模型拟合良好，$\chi^2/df = 2.783$，介于 1 和 3 之间；GFI、IFI、TLI 和 CFI 均大于 0.9。虽然 RMSEA 大于 0.1，但这可能和 RMSEA 值在小样本（本研究样本量为 $n=133$）中可能出现增高的现象有关（Blader，Tyler，2009；吴明隆，2010a）。而双因素模型和单因素模型的拟合情况都不太良好。并且,三因素模型和双因素模型差异显著,$\Delta\chi^2(2) = 46.469, p < 0.01$;三因素模型和单因素模型差异显著,$\Delta\chi^2(3) = 123.192, p < 0.01$。这说明 OCBO、对领导的评价和对领导的帮助行为是彼此相对独立的结构,三者具有较好的区分效度。

(三)互动公平的操作检验

相对于互动不公平情境($M = 1.413$),在互动公平情境下,被试报告了更多的公平体验($M = 6.314$)。$F(1,131) = 976.640, p < 0.001$,说明互动公平的实验操作是成功的。

(四)互动公平对自我建构和组织认同的影响

1. 控制变量

将性别、年龄和学校类型作为控制变量。

根据相关分析(见表 4.5),关系自我与性别相关显著,独立自我与所有控制变量相关不显著,群体自我与性别相关显著,组织(学院)认同与学校类型和年龄相关显著。

2. 互动公平对自我建构的影响

由于性别对关系自我和群体自我影响显著,因此将其作为控制变量,做互动公平对关系自我和群体自我的协方差分析。独立自我和任何人口统计学变量没有显著相关,因此做互动公平对独立自我影响的方差分析。

在做协方差分析之前,需要检验自变量和协变量的交互作用是否对因变量有显著影响,如果没有显著影响,才能进行协方差分析(张文彤,2004)。首先以互动公平和性别为自变量,关系自我和群体自我为因变量做方差分析。互动公平和性别的交互作用对关系自我影响不显著,$F(1,129) = 2.883, p = 0.092$。互动公平和性别的交互作用对群体自我的影响也不显著,$F(1,129) = 1.466, p = 0.228$。这说明可以进行协方差分析。

将性别作为协变量(性别做哑变量处理),采用协方差分析互动公平对关系自我的影响,发现互动公平对关系自我的影响边缘显著。$F(1,130) = 3.752, p = 0.055$。相对于互动不公平情境($M = 5.330$),被试在互动公平情境下报告了更多的关系自我($M = 5.614$)(协方差分析修正后的均数:

$M_{公平}=5.600, M_{不公平}=5.346)$。

将性别作为协变量(性别作哑变量处理),采用协方差分析互动公平对群体自我的影响,发现互动公平对群体自我的影响不显著,$F(1,130)=3.026, p=0.084$。

对互动不公平对独立自我的影响进行方差分析。互动不公平对独立自我影响不显著,$F(1,131)=0.596, p=0.442$。

3.互动公平对组织(学院)认同的影响

将学校类型(哑变量编码)和年龄作为控制变量,通过回归分析,考察互动公平(哑变量编码)对组织认同的影响。在控制了学校类型和年龄的影响后,互动公平对组织认同有着显著的正向影响($\beta=0.296, p<0.001$),说明相比于互动不公平,在互动公平条件下,成员会有更多的组织认同。

(五)中介效应分析(逐步检验法)

前面主效应的分析已说明互动公平对研究假设的两个中介变量(关系自我和组织认同)的影响显著。根据 Baron 和 Kenny 的逐步检验法,下面还需要分析自变量对因变量的影响,以及当自变量和中介变量同时进入回归模型后中介变量对因变量的影响。

首先检验控制变量对因变量的影响。由相关分析可知,学校类型和年龄与相应的因变量显著相关,而性别则无显著相关,因此,将学校类型和年龄纳入中介分析。中介变量分析中相应的变量已做哑变量处理(见表4.5)。

在对多个中介变量同时进行中介效应检验时,中介变量之间的相关或多重共线性可能对中介效应的结果产生影响(Kark et al. , 2003;Preacher et al. , 2008)。因此,在进行中介效应分析之前先进行多重共线性诊断。对多重共线性的判断标准是容忍度(Tolerance,TOL 值)和方差膨胀因素(Variance inflation factor,VIF 值)。在回归模型中,如果 TOL 值小于0.1,VIF 值大于10,则可能存在多重共线性问题;相反,如果 TOL 值大于0.1,VIF 值小于10,则不存在多重共线性问题(吴明隆,2010b)。由于 VIF 和TOL 是倒数关系,TOL 越大,VIF 越小。因此,研究只选择 VIF 作为预测变量多重共线性的评价标准。如表4.7所示,各预测变量的 VIF 值均小于10,

说明不存在多重共线性的问题。关于中介效应的分析请见表 4.7。

表 4.7　关系自我和组织(学院)认同在互动公平和结果变量之间的中介效应($n$=133)

| 变量 | 评价($\beta$) | | 帮助($\beta$) | | OCBO($\beta$) | | VIF | |
|---|---|---|---|---|---|---|---|---|
| | 第一步 | 第二步 | 第一步 | 第二步 | 第一步 | 第二步 | 第一步 | 第二步 |
| 控制变量 | | | | | | | | |
| 学校类型 | −0.105* | −0.063 | −0.310*** | −0.196** | −0.216* | −0.039 | 1.431 | 1.493 |
| 年龄 | 0.039 | 0.050 | 0.056 | 0.083 | −0.101 | −0.056 | 1.430 | 1.440 |
| 自变量 | | | | | | | | |
| 互动公平 | 0.884*** | 0.831*** | 0.576*** | 0.427*** | 0.169* | −0.060 | 1.004 | 1.121 |
| 中介变量 | | | | | | | | |
| 关系自我 | | −0.012 | | 0.022 | | −0.012 | | 1.093 |
| 组织认同 | | 0.185*** | | 0.491*** | | 0.780*** | | 1.257 |
| $R^2$ | 0.799 | 0.827 | 0.428 | 0.635 | 0.111 | 0.618 | | |
| $\Delta R^2$ | 0.799*** | 0.028*** | 0.428*** | 0.207*** | 0.111** | 0.507*** | | |

注:①学校类型(1=浙江工业大学;0=浙江树人大学)和互动公平(1=公平;0=不公平)做哑变量编码。

②"评价"是"对领导(辅导员)的评价"的简称,"帮助"是"对领导(辅导员)的帮助行为"的简称。

③* $p$<0.05,** $p$<0.01,*** $p$<0.001。

1. 关系自我在互动公平和对领导(辅导员)的评价之间的中介效应

第一步,将控制变量(学校类型和年龄)和自变量(互动公平)同时放入回归模型,检验自变量对因变量的影响。互动公平显著地影响对领导的评价($\beta$=0.884,$p$<0.001)。

第二步,引入中介变量(关系自我和组织认同)后,方程总体上变化显著($\Delta R^2$=0.028,$p$<0.001)。互动公平对因变量的影响虽然降低,但仍然显著($\beta$=0.831,$p$<0.001),说明这两个中介变量总体上起着部分中介作用。进一步对每个中介变量的效应进行分析。关系自我并未显著地影响对领导(辅导员)的评价($\beta$=−0.012,$p$=0.765)。但是作为控制变量的组织认同却对因变量影响显著($\beta$=0.185,$p$<0.001)。说明两个变量中,是组织认同,而非关系自我在互动公平和对领导(辅导员)的评价之间起部分中介作用。这和研究的预期是不一致的。

2.关系自我在互动公平和对领导(辅导员)的帮助行为之间的中介效应

第一步,在控制了控制变量的影响后,互动公平对领导的帮助行为影响显著($\beta=0.576, p<0.001$)。

第二步,将中介变量(关系自我和组织认同)同时引入方程,方程总体变化显著($\Delta R^2=0.207, p<0.001$)。互动公平对因变量影响降低但仍然显著($\beta=0.427, p<0.001$),说明这两个中介变量总体上起着部分中介作用。研究进一步对每个中介变量的效应进行分析。关系自我对领导(辅导员)的评价的影响不显著($\beta=0.022, p=0.689$)。组织认同对因变量影响显著($\beta=0.491, p<0.001$)。说明两个变量中,组织认同,而非关系自我在互动公平和对领导(辅导员)的帮助行为之间起部分中介作用。这和研究的预期是不一致的。

3.组织(学院)认同在互动公平和OCBO之间的中介效应

第一步,在控制了控制变量的影响后,互动公平对OCBO影响显著($\beta=0.169, p<0.05$)。

第二步,将中介变量(关系自我和组织认同)同时引入方程,方程总体上变化显著($\Delta R^2=0.507, p<0.001$)。互动公平对因变量影响降低并且不显著($\beta=-0.060, p=0.306$),说明这两个中介变量总体上起着完全中介作用。进一步对每个中介变量的效应进行分析。关系自我对OCBO的影响不显著($\beta=-0.012, p=0.840$)。组织认同对OCBO影响显著($\beta=0.780, p<0.001$),互动公平对因变量的影响降低并且变得不显著($\beta=-0.060, p=0.306$)。这说明是组织认同,而非关系自我在互动公平和OCBO之间发挥完全中介的作用,和研究的假设是一致的。

(六)中介效应分析(Bootstrap)法

前面根据逐步检验法未发现关系自我在互动公平和人际关系性质的结果变量之间的中介效应。但就此拒绝关系自我的中介效应假设可能会导致第二类错误的产生。这是由于Baron和Kenny的逐步检验法的统计检验力比较低或是可能导致统计检验中比较高的第二类错误(特别是当样本较小时)(MacKinnon et al., 2002;Preacher et al., 2004;温忠麟等,2004)。当前对于中介效应检验的研究中,研究者通常在逐步检验法的基础上,进一步引入其他类型的中介效应检验方法(例如通过"间接效应"检验中介作用的 Sobel 检验法和 Bootstrap 法等)。在群体卷入模型框架的研究中,许多研究者都采用了此种做法(Blader et al., 2009; De Cremer et al., 2005; Johnson et al., 2010; Olkkonen et al., 2006)。

因此,进一步采取 Bootstrap 法(Preacher et al., 2008; Shrout et al., 2002)验证关系自我和组织认同的中介效应。Bootstrap 法属于对间接效应(indirect effect)的检验,间接效应的检验是独立于逐步检验法的另外一种对中介效应进行评价的统计方法(MacKinnon et al., 2002; Preacher et al., 2004; 温忠麟等,2004),相对于逐步检验法,它可以直接衡量中介效应并具有比较可靠的统计检验力(MacKinnon et al., 2002; Preacher et al., 2004)。假设 $a$ 是自变量($X$)对中介变量($M$)的直接效应;$b$ 是在控制了自变量($X$)对因变量($Y$)的影响后,中介变量($M$)对因变量($Y$)的直接效应。$a$ 和 $b$ 的乘积($a \times b$)就是自变量通过中介变量对因变量的间接效应(Preacher et al., 2004)。Bootstrap 法的原假设是 $a \times b$ 等于零。如果 $a \times b$ 不等于零,那么中介效应就存在。Bootstrap 法通过区间估计来对中介效应进行检验。它对中介效应的显著性的判断标准是置信区间是否包括"0"。当置信区间不包括"0"时,就可以拒绝原假设,中介效应是显著的。如果置信区间包括"0",则不能拒绝原假设,中介效应不显著。

本书仍然以学校类型和年龄作为控制变量,互动公平为自变量,关系自我和组织认同为中介变量(同时进行分析),OCBO、对领导的评价和对领导的帮助行为作为因变量进行中介效应检验。在中介效应分析时,Bootstrap 法需要将原有样本(本研究 $n=133$)视为"总体",从"总体"中多次取样(取样方式为放回取样,通常大于或等于 1000 次)计算相应的"样本统计量",并以此进行中介效应检验。定义"抽样"次数为 1000 次,置信水平为 95%。Bootstrap 法分析结果表明:(1)在互动公平和对领导的评价之间,关系自我的中介效应不显著[-0.118, 0.074](置信区间内包括了"0"),但组织认同的中介效应显著[0.115, 0.483](置信区间内不包括"0")。(2)在互动公平和对领导的帮助行为之间,关系自我的中介效应不显著[-0.052, 0.141],但组织认同的中介效应显著[0.226, 0.843]。(3)在互动公平和 OCBO 之间,关系自我的中介效应不显著[−0.107,0.066],但组织认同的中介效应显著[0.271,0.966]。

Bootstrap法得到的结论和逐步检验法得到的结论是一致的,即在互动公平和两个人际关系性质的结果变量之间,组织认同(而非关系自我)起着中介作用。在互动公平和群体性质的结果变量(对组织的组织公民行为,OCBO)之间,同样是组织认同起着中介作用。

## 五、讨论

在群体卷入模型的"社会认同中介效应假设"基础上,以及Olkkonen和Lipponen(2006)的研究基础上,实验二进一步将自我建构(关系自我)整合进该模型,同时检验关系自我和组织认同的中介效应,并希望扩展Olkkonen和Lipponen的研究,对关系自我和组织认同的不同的中介机制进行了理论上的说明。研究结论部分支持了假设,组织认同在互动公平和群体性质的结果变量(OCBO)之间起着中介作用。但是关系自我没能在互动公平和人际关系性质的结果变量之间起着中介作用,这与研究的预期是不一致的;同时组织认同却在互动公平和两个人际关系性质的结果变量之间均起着中介作用也是与研究的预期不一致的,这也重复了Olkkonen和Lipponen的发现。

实验二在不同的样本中重复了实验一的结论,进一步确定了自我建构的三因素结构,并且发现互动公平影响关系自我但不影响群体自我。关系自我和群体自我的区分通过自我建构的结构检验以及互动公平对它们的不同效应得到体现。但是,和实验一的结论一样,实验二仍未发现互动不公平对独立自我的影响,这与Johnson和Lord(2010)的研究是不一致的。

实验二发现了组织认同在互动公平和群体性质的结果变量(对组织的组织公民行为,OCBO)之间起着完全中介作用,说明互动公平对OCBO的影响是完全通过组织认同实现的。研究结论有力地支持了群体卷入模型关于组织认同中介作用的核心思想,同时,组织认同在互动公平和群体性质的结果变量之间的精确中介路径也是对Olkkonen和Lipponen(2006)研究的一个推进。群体性质的中介变量在互动公平和群体性质的结果变量之间发挥中介作用也是和研究提出的"人际关系性质的变量和群体性质的变量的差异"的核心思想以及代理人—系统模型的研究结论（Masterson et al.，2000）是一致的。

实验二未能发现关系自我在互动公平和人际关系性质的结果变量之间的中介作用。实验一的发现在实验二中未能得到重复，说明单一中介变量的中介效应（实验一的结论）并不一定可靠和准确，从而证明了对多个中介变量进行同时检验的必要性（Preacher et al.，2008）。这说明"自我建构"在多个可能的中介变量中，由于其一般抽象化的性质，离具体情境"较远"，可能是效应较弱的一种。

与关系自我未发挥中介作用相反，组织认同在互动公平和人际关系性质的结果变量之间起中介作用，这和 Olkkonen 和 Lipponen（2006）研究结论是一致的。虽然这进一步支持了群体卷入模型关于组织认同中介作用的核心思想，但是和本书提出的"人际关系性质的变量和群体性质的变量的差异"这一核心思想以及代理人—系统模型的研究结论（例如 Masterson et al.，2000）是不一致的。对于结论的解释可能要涉及本书提出的第二个核心思想，即"自我概念的不同表征水平（一般抽象化 vs. 具体情境化）的差异"及相关的社会自我的理论定义。根据本书对社会自我的定义，关系自我虽然是人际关系性质的，但是它是一般抽象化的，离具体的情境"较远"，和情境线索（互动公平）以及与情境直接联系的人际结果变量之间的联系可能还不如虽然是群体性质，但是和情境"较近"的组织认同（具体情化的社会自我）密切，因此，是组织认同，而非关系认同发挥着中介作用。

因此，下一步的研究要检验当引入不仅是人际关系性质的，同时也是具体情境化的社会自我（即关系认同）后，组织认同在互动公平和人际关系性质的结果变量之间的中介效应是否仍然显著。在互动公平和人际关系性质的结果变量之间，关系认同是中介效应要强于关系自我（见前文假设提出部分关于多个中介变量效应大小比较的论述）的人际关系性质的中介变量，当关系认同和组织认同同时进入中介模型后，组织认同在互动公平和人际关系性质结果变量之间的中介效应就会消失。这类似于 Kark 等（2003）的研究发现。

实验二的主要结论如下:(1)关系自我和群体自我是独立的结构;(2)自我建构包括了独立自我、关系自我和群体自我三个因素;(3)互动公平对关系自我的激活有显著的正向影响;(4)组织认同在互动公平和结果变量(包括人际关系性质和群体性质的结果变量)之间均发挥显著的中介效应(经典群体卷入模型中关于组织认同的中介效应的核心思想在互动公平的背景下得到了支持)。

# 第八节 实验三

## 一、研究背景和问题的提出

实验二并未发现人际关系性质的中介变量(关系自我)在互动公平和人际关系性质的结果变量之间的中介效应(相反却是组织认同在其中起着中介效应)。这可能和关系自我虽然是人际关系性质,但是一般抽象化的结果变量,与情境联系不强的原因有关(见实验二的讨论)。

笔者认为,如果引入比关系自我效应更强(见前面研究假设关于多个中介变量效应大小的比较的说明)的中介变量——关系认同(既是人际关系性质的,同时也是具体情境化的中介变量)后,关系认同(而非组织认同)会在互动公平和人际关系性质的结果变量之间起中介效应。

在群体卷入模型框架内的现有研究中,关系认同(作为单一中介变量)在互动公平和组织公民行为之间的中介效应得到了研究的支持(De Cremer et al., 2005)。同时,在相关领域,关系认同(在控制了组织认同作为中介变量的影响后)在转换型领导和对领导的依赖(人际关系性质的结果变量)之间的中介效应也得到了研究的支持(Kark et al., 2003)。这些研究(特别是后者)为同时检验关系认同和组织认同的不同的中介路径提供了实证基础。

## 二、研究思路、研究目的和研究假设

对于本书提出的"社会自我"(包括关系自我、群体自我、关系认同和组织认同)的理论定义,实验三将检验其结构的有效性。

实验三在群体卷入模型的核心假设(组织认同的中介作用)的基础上,引入人际关系性质,但却是具体情境化的社会自我(关系认同)作为中介变量,检验关系认同是否会在互动公平和人际关系性质的结果变量之间起中介作用。

在群体卷入模型的框架中,关系认同在互动公平和结果变量之间的中介作用得到了研究的证实(De Cremer et al.,2005)。然而,De Cremer 等的研究未对互动公平进行实验操作,未区分人际关系性的结果变量和群体性质的结果变量。更重要的是他们对关系认同的中介效应检验是在单一中介变量背景下进行的,由于未对经典群体卷入模型的"社会(组织)认同中介效应假设"进行同时检验,他们的研究结果还缺乏说服力。实验三在 De Cremer 等的研究基础上,对互动公平进行实验操作,并区分人际关系性质的结果变量和群体性质的结果变量,并将关系认同整合进经典群体卷入模型,同时检验关系认同和组织认同的中介效应。

根据本书提出的社会自我中介效应的机制,研究认为具有人际关系性质的,同时也是具体情境化的关系认同会在互动公平和人际关系性质的结果变量之间起中介作用。该假设和 Kark 等(2003)的研究发现是类似的。

在互动公平和人际关系性质的结果变量之间,领导—成员交换是过去的研究发现的重要的中介变量。实验三同时也引入领导—成员交换作为控制变量,检验了控制它的中介效应后关系认同的中介情况。基于过去的研究结果(例如 Cropanzano et al.,2002),并且考虑到领导—成员交换具有和关系认同类似的性质(人际关系性质同时具体情境化),研究认为领导—成员交换也会在互动公平和人际关系性质的结果变量之间起中介作用。

实验二发现了组织认同在互动公平和群体性质结果变量之间的完全中介作用,实验三预期能够重复这一结论。

尽管实验二中并未发现关系自我的中介效应,并且研究也在理论机制上对该现象进行了解释,然而,仅凭一个实验就否定了关系自我的中介机制,这并不严谨,因此,在实验三中,研究仍然保留了关系自我在互动公平和人际关系性质的结果变量之间的中介效应假设。

最后,在互动公平和人际关系性质的结果变量之间,可能存在多个中介效应均显著的中介变量(关系认同、关系自我和领导—成员交换),它们的效应大小还有待比较,比较的理论依据和原则主要为本书提出的对各中介效应大小进行比较的机制,即"自我概念的不同表征水平(一般抽象化 vs. 具体情境化)的差异"。笔者认为,相对于一般抽象化的中介变量,与具体的情境直接有关的中介变量与情境线索(自变量)和结果变量(因变量)的联系应该更加紧密,其中介效应应该更强(详见前面总的假设提出部分)。

综上所述,实验三的研究目的如下:(1)进一步验证自我建构量表的结构(重复实验一和实验二的研究结论)。(2)检验互动公平对关系自我和群体自我的不同效应(重复实验一和实验二的研究结论)。(3)验证"社会自我"的结构。(4)检验关系自我在互动公平和人际关系性质的结果变量之间的中介作用。(5)检验组织认同在互动公平和群体性质的中介变量之间的中介作用(重复实验二的研究结论)。(6)检验关系认同在互动公平和人际关系性质的结果变量之间的中介作用。(7)检验领导—成员交换在互动公平和人际关系性质的结果变量之间的中介作用。(8)比较关系认同、关系自我和领导—成员交换在互动公平和人际关系性质的结果变量之间的中介效应的大小。需要说明一下,由于关系认同和领导—成员交换同为人际关系性质和具体情境化的变量,它们之间的中介效应的比较无法在理论机制上说明(因此无法提出假设),只能依据研究的结果进行事后分析(详细说明见前文总的假设提出部分)。

研究的假设提出见前面相应部分。实验三所要检验的假设包括:H1a、H1b、H2、H3、H5、H6、H7、H8、H9、H10、H11a 和 H11b。

## 三、研究方法

### (一)实验设计

实验三的实验设计基本同实验二。不同之处在于,相比实验二,实验三在中介变量上增加了关系认同和领导—成员交换(LMX)。

（二）实验程序

实验程序与实验一和实验二相同。

（三）实验被试

实验被试为杭州师范大学和浙江传媒大学在校学生。被试在安静的课堂阅读指导语和"情境故事"，然后填写问卷。共发放问卷 233 份，回收有效问卷为 217 份。其中男生 42 人，女生 175 人。杭州师范大学 138 人，浙江传媒大学 79 人。被试平均年龄 20.6 岁。被试被随机分配到互动公平情境（$n=103$）和互动不公平情境（$n=114$）中。

（四）互动公平的实验操作和实验材料

互动公平的实验操作和实验材料与实验一和实验二相同。

（五）反应变量的测量

1. 互动公平的操作检验

与实验一和实验二所用题目相同，共 2 道题目。量表 $\alpha$ 系数为 0.990。

2. 自我建构量表

与实验二所用的量表相同，共 16 道题目。其中测量关系自我的题目 5 道（量表 $\alpha$ 系数为 0.656），测量独立自我的题目 4 道（量表 $\alpha$ 系数为 0.541），测量群体自我的题目 7 道（量表 $\alpha$ 系数为 0.815）。独立自我的信度系数有点偏低（小于 0.6），和实验一和实验二的结论差别较大。研究暂时无法做出明确的解释，可能的原因是测量题目本身不稳定或是中国人在独立自我这个自我建构维度上未表现出稳定的特征（在笔者参与的另外一项针对中国人的大样本研究中，也发现与独立自我类似的"个体主义"的信度偏低的现象）。

3. 领导—成员交换（LMX）量表

LMX 量表源自 Scandura 和 Graen（1984）的领导成员交换量表。该量表共 7 道题目，具有良好的信效度（Gerstner，Day，1997）。刘庆春（2007）将其翻译成中文并在中国背景下证实了其良好的信效度。

研究根据实验情境对 LMX 量表进行了修订，修订后的量表共 3 道题目："我认为我和辅导员之间有良好的关系"，"我认为辅导员可以了解我在学习或生活上的问题和需求"和"当我学习或生活上有困难时,我认为辅导员可以热心地帮助我"。题目采用李克特 7 点量表计分(1—非常不同意;7—非常同意)。量表 α 系数为 0.895。

4.组织(学院)认同量表

与实验二所用条目相同,共 4 道题目。量表 α 系数为 0.848。

5.关系认同量表

关系认同量表共有 6 道题目,分别由过去已有的关系认同量表和相近概念的量表(关系自我和组织认同)修订或改编而来。

量表有 2 道题目改编自 Shamir 等(1998)的研究中对领导认同的测量题目,它们是:"我尊敬辅导员"和"我很乐意成为辅导员的学生"。量表采用李克特 7 点量表计分(1—非常不同意;7—非常同意)。

如前所述,对新构念的量表开发往往要参考相近的构念的成熟量表。由于关系认同的研究还比较少(Chang,Johnson,2011;Sluss,Ashforth,2008;Van Knippenberg et al.,2004),研究者在研究对某一具体人物的关系认同时,往往自己开发量表。在自我建构和认同领域,与关系认同相似的概念包括关系自我和组织认同。例如 Kark 等(2003)从组织认同量表开发关系认同量表;Linardatos 和 Lydon(2011)从关系自我量表开发关系认同量表。在开发关系认同量表时也参考了群体认同量表和关系自我量表的相关题目,有 2 道题目改编自 Brewer 和 Chen(2007)的关系自我量表,这 2 道题目是:"如果辅导员取得了成就,我会为他感到骄傲"和"辅导员的幸福对我而言很重要";有 2 道题目改编自群体认同量表(Doosje et al.,1995;Ellemers et al.,1999),这 2 道题目是:"我认同辅导员"和"我更愿意其他老师做我的辅导员(反向计分)"。这 4 道题目均采用李克特 7 点量表计分(1—非常不同意;7—非常同意)。关系认同量表的 α 系数为 0.869。

6.人际关系性质的结果变量的量表

人际关系性质的结果变量包括对领导的评价和对领导的帮助行为。所用量表与实验一和实验二相同,对领导的评价由 2 道题目构成,量表 α 系数为 0.974;对领导的帮助行为由 2 道题目构成,量表 α 系数为 0.588。对领导的帮助行为量表的信度偏低(小于 0.6),可能是由于在测量时采用了不同的量表形式(分别为李克特量表和语义差别量表),尽管预测变量和因变量采取不同的量表形式有助于减低共同方法偏差,但也有可能降低量表的测量效果(Podsakoff et al.,2003)。

7. 对组织的组织公民行为(OCBO)量表

OCBO 量表与实验二所用条目相同,共 2 道题目。量表 $\alpha$ 系数为 0.658。

## 四、研究结果

### (一)变量的相关系数、描述统计和信度

各变量的相关系数、描述统计和信度分析见表 4.8,对学校类型(1=杭州师范大学;0=浙江传媒大学)、性别(1=女性;0=男性)和互动公平(1=公平;0=不公平)做哑变量编码。

### (二)量表的效度分析

1. 社会自我(social self)的结构效度

对研究提出的理论概念"社会自我"进行检验。前面两个研究已对其部分结构(群体自我、关系自我和组织认同)进行了前期的检验并证实了其良好的结构效度,为对社会自我概念的全面检验奠定了基础。实验三引入关系认同,对其结构进行全面的检验。

社会自我的模型的拟合指数见表 4.9。可以看到,模型整体上拟合较好,$\chi^2/df=1.983$,介于 1 和 3 之间;IFI、TLI 和 CFI 都大于或接近 0.9,RMSEA 小于 0.08,并且社会自我的四个因素对各自测量题目的路径系数均达到 0.001 的显著水平(见图 4.5)。因此,社会自我具有较好的结构效度,本书提出的"社会自我"的理论概念得到了支持。

2. 自我建构的结构效度

实验三进一步对自我建构的结构效度进行检验,以便重复实验一和实验二的结论。模型的拟合指数见表 4.9。可以看到,模型整体上拟合较好,$\chi^2/df=1.985$,介于 1 和 3 之间;IFI、GFI 和 CFI 都大于或接近 0.9,RMSEA 小于 0.08。

表 4.8　各变量的描述性统计、相关系数和信度（$n = 217$）

| 变量 | M | SD | 1 | 2 | 3 | 4 | 5 | 6 | 7 | 8 | 9 | 10 | 11 | 12 | 13 |
|---|---|---|---|---|---|---|---|---|---|---|---|---|---|---|---|
| 1. 学校类型 | — | — | — | | | | | | | | | | | | |
| 2. 年龄 | 20.560 | 1.208 | 0.751** | — | | | | | | | | | | | |
| 3. 性别 | — | — | -0.138** | -0.130 | — | | | | | | | | | | |
| 4. 互动公平 | — | — | -0.029 | 0.016 | -0.095 | — | | | | | | | | | |
| 5. 关系自我 | 5.655 | 0.711 | -0.226** | -0.141* | -0.001 | 0.061 | (0.656) | | | | | | | | |
| 6. 独立自我 | 4.826 | 0.970 | 0.012 | 0.019 | -0.133 | 0.068 | 0.141* | (0.541) | | | | | | | |
| 7. 群体自我 | 5.432 | 0.854 | -0.308** | -0.263** | 0.025 | 0.038 | 0.538** | 0.014 | (0.815) | | | | | | |
| 8. 学院认同 | 4.756 | 1.198 | -0.174* | -0.144* | 0.102 | 0.325** | 0.259** | -0.047 | 0.464** | (0.848) | | | | | |
| 9. 关系认同 | 4.036 | 1.407 | -0.305** | -0.219** | -0.050 | 0.679** | 0.216** | -0.005 | 0.248** | 0.533** | (0.869) | | | | |
| 10. LMX | 3.912 | 1.748 | -0.205** | -0.151* | -0.074 | 0.683** | 0.192** | 0.035 | 0.192** | 0.515** | 0.846** | (0.895) | | | |
| 11. 评价 | 3.634 | 2.325 | -0.072 | -0.061 | -0.077 | 0.874** | 0.021 | 0.001 | 0.038 | 0.399** | 0.790** | 0.754** | (0.974) | | |
| 12. 帮助 | 4.394 | 1.600 | -0.274** | -0.218** | -0.033 | 0.572** | 0.118 | -0.088 | 0.187** | 0.499** | 0.772** | 0.702** | 0.689** | (0.588) | |
| 13. OCBO | 5.023 | 1.152 | -0.257** | -0.215** | 0.025 | 0.194** | 0.237** | -0.057 | 0.383** | 0.743** | 0.440** | 0.386** | 0.280** | 0.462** | (0.658) |

注：①学校类型（1＝杭州师范大学，0＝浙江传媒大学），性别（1＝女性，0＝男性）和互动公平（1＝公平，0＝不公平）均做哑变量编码。
②LMX 指领导—成员交换。
③"评价"是"对领导（辅导员）的评价"的简称。
④"帮助"是"对领导（辅导员）的帮助行为"的简称。
⑤OCBO 指对学院（组织）的组织公民行为。
⑥括号内的数字是各变量的信度系数（Cronbach's α）。
⑦* $p < 0.05$，** $p < 0.01$。④⑧⑨⑩

表 4.9　各模型的拟合指数

| 变量 | 模型 | $\chi^2$ | d$f$ | GFI | AGFI | IFI | TLI | CFI | RMSEA |
|------|------|---------|------|------|------|------|------|------|-------|
| 社会自我 | 四因素模型 | 392.701 | 198 | 0.858 | 0.818 | 0.908 | 0.891 | 0.907 | 0.067 |
| 自我建构 | 三因素模型 | 184.588 | 93 | 0.902 | 0.857 | 0.900 | 0.867 | 0.897 | 0.068 |
| LMX 和 关系认同 | 双因素模型 | 73.183 | 24 | 0.932 | 0.873 | 0.966 | 0.949 | 0.966 | 0.097 |
| | 单因素模型 | 121.444 | 25 | 0.882 | 0.788 | 0.934 | 0.905 | 0.934 | 0.134 |
| OCBO、评价和帮助 | 三因素模型 | 11.942 | 5 | 0.982 | 0.925 | 0.991 | 0.973 | 0.991 | 0.080 |
| | 双因素模型 | 38.449 | 7 | 0.943 | 0.830 | 0.959 | 0.911 | 0.959 | 0.144 |
| | 单因素模型 | 128.683 | 8 | 0.845 | 0.594 | 0.842 | 0.702 | 0.841 | 0.264 |

注：①"评价"是"对领导（辅导员）的评价"的简称。
　　②"帮助"是"对领导（辅导员）的帮助行为"的简称。

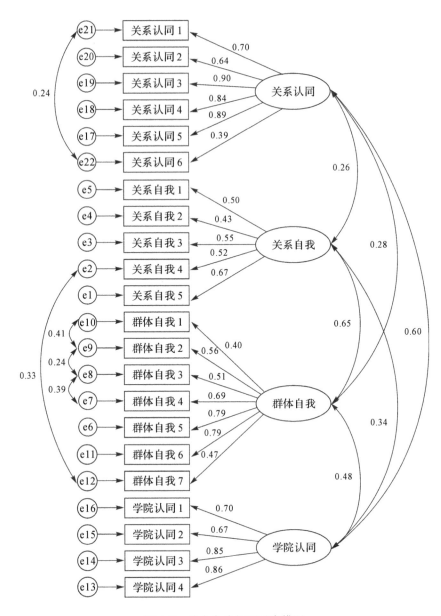

图 4.5　社会自我的四因素模型

　　三个因素对各自测量题目的路径系数均达到显著水平。独立自我对各测量题目影响的路径系数均显著（$\lambda_1 = 0.502, p < 0.001; \lambda_2 = 0.674, p < 0.001; \lambda_3 = 0.550, p < 0.001; \lambda_4 = 0.257, p < 0.01$）。关系自我对各测量条目的路径系数分别为：$\lambda_1 = 0.483, p < 0.001; \lambda_2 = 0.355, p < 0.001; \lambda_3 = $

$0.522,p<0.001;\lambda_4=0.567,p<0.001;\lambda_5=0.686,p<0.001$)。群体自我对各测量条目的路径系数分别为:$\lambda_1=0.463,p<0.001;\lambda_2=0.624,p<0.001;\lambda_3=0.595,p<0.001;\lambda_4=0.627,p<0.001;\lambda_5=0.660,p<0.001;\lambda_6=0.732,p<0.001;\lambda_7=0.502,p<0.001$)。

3. 关系认同和领导—成员交换(LMX)的结构效度和区分效度

由于关系认同和 LMX 都是具体情境化的人际关系性质(成员与领导的关系)的变量,因此,二者有许多相似点。为了说明它们是不同的结构,有必要进行结构效度和区分效度的分析。

为了区分二者的结构,建立了两个模型。第一个模型是将关系认同和 LMX 作为两个结构的模型(双因素模型)。第二个模型将关系认同和 LMX 作为一个结构的模型(单因素模型)。模型的拟合指数见表 4.9。

双因素模型总体上拟合良好($\chi^2/df=3.049$,介于 1 和 5 之间;GFI、IFI、TLI 和 CFI 均大于 0.9;RMSEA<0.1)。并且,各因素对其测量题目影响的路径系数均显著,说明双因素模型具有良好的结构效度。LMX 对各测量条目影响的路径系数显著($\lambda_1=0.791,p<0.001;\lambda_2=0.852,p<0.001;\lambda_3=0.919\ p<0.001$)。关系认同对各测量条目影响的路径系数显著($\lambda_1=0.736,p<0.001;\lambda_2=0.630,p<0.001;\lambda_3=0.878,p<0.001;\lambda_4=0.836,p<0.001;\lambda_5=0.887,p<0.001;\lambda_6=0.420,p<0.001$)。

单因素模型相对于双因素模型的拟合情况不是太理想。并且两个模型的差异显著,$\Delta\chi^2(1)=48.261,p<0.01$,说明关系认同和 LMX 是不同的结构,二者具有较好的区分效度。

4. 因变量的区分效度分析

同实验二,研究对因变量的区分效度进行分析,希望能重复实验二的结论。为了确认因变量是不同的结构,与实验二的做法一致,研究建立了三个模型。第一个模型是将 OCBO、对领导的评价和对领导的帮助行为作为三个独立的结构。第二个模型是将人际关系性质的结果变量(对领导的评价和对领导的帮助行为)作为一个结构,群体性质的结果变量(OCBO)作为另一个结构,即双因素模型。第三个模型是将三个变量作为一个结构,即单因素模型。

模型的拟合指数见表 4.9。可以看到,三因素模型拟合良好($\chi^2/df=$ 2.388,介于 1 和 3 之间;GFI、AFGI、IFI、TLI 和 CFI 均大于 0.9;RMSEA$=$ 0.08$<$0.1)。而双因素模型和单因素模型相对于三因素模型的拟合情况不太理想。并且,三因素模型和双因素模型差异显著,$\Delta\chi^2(2)=26.507$,$p<$ 0.01;三因素模型和单因素模型差异显著,$\Delta\chi^2(3)=116.741$,$p<0.01$。这说明 OCBO、对领导的评价和对领导的帮助行为是彼此相对独立的结构,三者具有较好的区分效度。

(三)互动公平的操作检验

相对于互动不公平情境($M=1.408$),在互动公平情境下,被试报告了更多的公平体验($M=6.345$)。$F(1,215)=2.438E3$,$p<0.001$,说明互动公平的实验操作是成功的。

(四)互动公平对自我建构、组织认同、关系认同和领导—成员交换(LMX)的影响

1.控制变量

同实验二,将性别、年龄和学校类型作为控制变量。

由相关分析可知(见表 4.8),关系自我与学校类型和年龄显著相关,但是与性别相关不显著。独立自我与所有控制变量相关不显著;群体自我与年龄、学校类型显著相关,但是与性别相关不显著。

组织(学院)认同与学校类型和年龄显著相关,但是与性别相关不显著。关系认同与学校类型和年龄显著相关,但是与性别相关不显著。LMX 与学校类型和年龄显著相关,但是与性别相关不显著。

由于关系自我、群体自我、组织认同、关系认同和 LMX 与学校类型和年龄这两个控制变量相关显著,因此,以学校类型和年龄为控制变量,通过回归分析,检验互动公平对这几个变量的影响。由于独立自我与任何控制变量无显著相关,因此,采用方差分析检验互动公平对其的影响。

2.互动公平对自我建构的影响

以学校类型和年龄为控制变量,通过回归分析,检验互动公平对关系自我和群体自我的影响。在控制了学校类型和年龄的影响后,互动公平对关

系自我($\beta=0.052,p=0.433$)和群体自我($\beta=0.032,p=0.623$)均无显著影响。互动公平对群体自我无显著影响,和实验一以及实验二的结论一致,但对关系自我的影响不显著,和实验一以及实验二的结论是不一致的。

方差分析表明,互动公平对独立自我也无显著影响,$F(1,215)=1.009$,$p=0.316$。这和实验一以及实验二的结论是一致的。

3.互动公平对组织(学院)认同、关系认同和 LMX 的影响

在控制了学校类型和年龄的影响后,互动公平对组织认同有着显著的正向影响($\beta=0.323,p<0.001$),说明相对于互动不公平条件下,互动公平条件下被试有更高水平的学院认同。

在控制了学校类型和年龄的影响后,互动公平对关系认同有着显著的正向影响($\beta=0.672,p<0.001$),说明相对于互动不公平条件下,互动公平条件下被试有更高水平的关系认同(即实验情境中对辅导员的人际认同)。

在控制了学校类型和年龄的影响后,互动公平对 LMX 有着显著的正向影响($\beta=0.679,p<0.001$),说明相对于互动不公平条件下,互动公平条件下被试有更高水平的 LMX。

(五)中介效应分析(逐步检验法)

由于前面的主效应分析发现互动公平对关系自我的影响不显著,不满足 Baron 和 Kenny 所提出的中介检验条件,因此,本书仅分析受互动公平影响显著的组织(学院)认同、关系认同和 LMX 的中介效应。

在中介分析之前先检验控制变量与因变量的关系。由表 4.7 可知学校类型和年龄与相应的因变量有显著的相关,而性别与所有因变量无显著相关(控制变量对因变量的影响同实验二的发现类似)。因此,仅把学校类型和年龄纳入中介分析模型。

对预测变量间的多重共线性检验,发现所有变量的 VIF 值都小于 10(见表 4.9),因此,不存在多重共线性的问题(吴明隆,2010b),可以进行多个中介变量的中介效应分析。中介效应分析见表 4.10。

表 4.10　关系认同和组织(学院)认同在互动公平和

结果变量之间的中介效应($n=217$)

| 变量 | 对领导的评价($\beta$) | | 帮助($\beta$) | | OCBO($\beta$) | | VIF | |
|---|---|---|---|---|---|---|---|---|
| | 第一步 | 第二步 | 第一步 | 第二步 | 第一步 | 第二步 | 第一步 | 第二步 |
| 控制变量 | | | | | | | | |
| 学校类型 | 0.022 | 0.122** | −0.199* | −0.032 | −0.200* | −0.084 | 2.305 | 2.458 |
| 年龄 | −0.092 | −0.076 | −0.077*** | −0.046 | −0.068 | −0.025 | 2.304 | 2.311 |
| 自变量 | | | | | | | | |
| 互动公平 | 0.876*** | 0.597*** | 0.567*** | 0.096 | 0.189** | −0.101 | 1.004 | 2.160 |
| 中介变量 | | | | | | | | |
| 组织认同 | | −0.006 | | 0.114* | | 0.707*** | | 1.441 |
| 关系认同 | | 0.356*** | | 0.525*** | | 0.147 | | 4.386 |
| LMX | | 0.062 | | 0.120 | | −0.054 | | 3.933 |
| $R^2$ | 0.770 | 0.843 | 0.396 | 0.620 | 0.103 | 0.576 | | |
| $\Delta R^2$ | 0.770*** | 0.073*** | 0.396*** | 0.224*** | 0.103*** | 0.474*** | | |

注:①学校类型(1=杭州师范大学;0=浙江传媒大学)和互动公平(1=公平;0=不公平)做哑变量编码。

②"帮助"是"对领导(辅导员)的帮助行为"的简称。

③LMX 是指领导—成员交换。

④OCBO 指对学院(组织)的组织公民行为。

⑤* $p<0.05$,** $p<0.01$,*** $p<0.001$。

1. 关系认同在互动公平和对领导(辅导员)的评价之间的中介效应

第一步,检验控制变量(学校类型和年龄)以及自变量(互动公平)对因变量的影响。在控制了学校类型和年龄的影响后,互动公平对领导的评价影响显著($\beta=0.876,p<0.001$)。

第二步,引入中介变量(组织认同、关系认同和 LMX)后,方程总体上变化显著($\Delta R^2=0.073,p<0.001$)。互动公平对因变量的影响虽然降低,但仍然显著($\beta=0.597,p<0.001$),说明这三个中介变量在总体上起着部分中介作用。进一步对每个中介变量的效应进行检验。组织认同对领导(辅导员)的评价的影响不显著($\beta=-0.006,p=0.851$)。LMX 对成员对领导(辅导员)的评价的影响不显著($\beta=0.062,p=0.257$)。关系认同对成员对领导

(辅导员)的评价的影响显著($\beta=0.356,p<0.001$),说明关系认同(而非组织认同和 LMX)在互动公平和对领导(辅导员)评价之间起着部分中介作用。

2.关系认同在互动公平和对领导(辅导员)的帮助行为之间的中介效应

第一步,在控制了控制变量的影响后,互动公平对领导的帮助行为影响显著($\beta=0.567,p<0.001$)。

第二步,将中介变量(组织认同、关系认同和 LMX)同时引入方程,方程总体上变化显著($\Delta R^2=0.224,p<0.001$)。互动公平对因变量影响降低并且不显著($\beta=0.096,p=0.125$),说明这三个中介变量总体上起着完全中介作用。进一步对每个中介变量的效应进行检验。组织认同对因变量的影响显著($\beta=0.114,p<0.05$),关系认同对因变量的影响显著($\beta=0.525,p<0.001$),LMX 中介效应不显著($\beta=0.120,p=0.156$),说明关系认同和组织认同在互动公平和对领导(辅导员)评价之间分别起着中介作用,而 LMX 则不起中介作用。

3.组织(学院)认同在互动公平和 OCBO 之间的中介效应

第一步,在控制了控制变量的影响后,互动公平对 OCBO 影响显著($\beta=0.189,p<0.001$)。

第二步,将中介变量(组织认同、关系认同和 LMX)同时引入方程,方程总体上变化显著($\Delta R^2=0.474,p<0.001$)。互动公平对因变量影响降低并且不显著($\beta=-0.101,p=0.126$),说明这三个中介变量总体上起着完全中介作用。进一步对每个中介变量的效应进行检验。组织认同对因变量的影响显著($\beta=0.707,p<0.001$)。而关系认同($\beta=0.147,p=0.120$)和 LMX($\beta=-0.054,p=0.543$)对因变量的影响都不显著。这说明组织认同(而非关系认同和 LMX)在互动公平和 OCBO 之间起着完全中介作用。

(六)中介效应分析(Bootstrap 法)

根据逐步检验法,互动公平(自变量)对关系自我(中介变量)无显著影响,关系自我未符合中介效应的标准(即不存在中介效应)。而另一个中介变量 LMX 则未发现中介效应。根据逐步检验法,拒绝二者的中介效应假设可能会导致统计检验的第二类错误(MacKinnon et al., 2002;Preacher et al.，2004；温忠麟等，2004）。采用 Bootstrap 法继续对中介效应进行分析，Bootstrap 法作为对间接效应（indirect effect）的检验，相对于逐步检验法，无须进行多步检验（即无须一定要满足逐步检验法中自变量显著影响中介变量的前提条件），可以更加直接地衡量中介效应，并具有比较可靠的统计检验力（MacKinnon et al.，2002；Preacher et al.，2004）。它对中介效应的显著性的判断标准是置信区间是否包括"0"。当置信区间不包括"0"时，就可以拒绝原假设，就可以认为中介效应是显著的。如果置信区间包括"0"，则不能拒绝原假设，中介效应不显著。

以学校类型和年龄作为控制变量，互动公平为自变量，关系自我、组织认同、关系认同和 LMX 为中介变量（同时进行分析），OCBO、对领导的评价和对领导的帮助行为为因变量，通过 Bootstrap 法（指定"取样"次数为 1000，置信水平为 95%）进行中介效应检验。

1.各变量中介效应的检验

Bootstrap 法分析结果表明：①在互动公平和对领导的评价之间，关系自我的中介效应不显著[-0.104，0.029]，组织认同的中介效应不显著[-0.088，0.126]，关系认同的中介效应显著[0.696，1.646]，LMX 的中介效应不显著[-0.161，0.626]。②在互动公平和对领导的帮助行为之间，关系自我的中介效应不显著[-0.082，0.015]，组织认同的中介效应显著[0.018，0.275]，关系认同的中介效应显著[0.631，1.671]，LMX 的中介效应不显著[-0.148，0.713]。③在互动公平和 OCBO 之间，关系自我的中介效应不显著[-0.010，0.039]，组织认同的中介效应显著[0.322，0.753]，关系认同的中介效应不显著[-0.042，0.516]，LMX 的中介效应不显著[-0.338，0.150]。

Bootstrap 法分析的结论和逐步检验法是一致的，即关系认同在互动公平和两个人际关系性质的结果变量之间起中介作用；组织认同在互动公平和群体性质的结果变量（OCBO）之间起（完全）中介作用，并且也在互动公平对领导的帮助行为这一人际关系性质的中介变量之间起中介作用。

2.人际关系性质的中介变量的效应大小比较

在互动公平和人际关系性质的结果变量之间，根据研究假设可能存在三个中介变量(关系自我、关系认同和 LMX)。尽管通过前面的分析研究未发现关系自我和 LMX 的中介效应(或者是说二者的中介效应均与"0"没有显著差异)。但它们的中介效应与关系认同的差异是否有统计上的意义,还有待进一步检验。Preacher 和 Hayes(2008)就曾举例来说明中介效应大小比较的必要性,当对一个中介变量(假设名称为 M1)与另一个中介变量(假设名称为 M2)同时进行检验时,M1 的中介效应显著,M2 的中介效应不显著,但二者的差异在统计上却不显著。因此,在判断两个中介变量的强弱程度时,不能仅看它们各自的中介效应是否显著,还要看二者的中介效应的差异是否显著。

Bootstrap 法也可以对不同的中介变量之间的效应大小进行比较(Preacher et al.,2008)。同样地,它对两个变量的中介效应差异的显著性的判断标准是置信区间是否包括"0"。当置信区间不包括"0"时,中介效应差异是显著的。如果置信区间包括"0",中介效应差异不显著。

通过 Bootstrap 法,对关系自我、关系认同和 LMX 的差异进行比较。①在互动公平和对领导的评价之间,关系自我的中介效应显著地小于关系认同的中介效应[−1.682,−0.686],LMX 的中介效应显著地小于关系认同的中介效应[−1.681,−0.122],而关系自我和 LMX 的中介效应没有显著差异[−0.630,0.160]。②在互动公平和对领导的帮助行为之间,关系自我的中介效应显著地小于关系认同的中介效应[−1.723,−0.627],LMX 的中介效应显著地小于关系认同的中介效应[−1.796,−0.080],而关系自我和 LMX 的中介效应没有显著差异[−0.697,0.155]。

## 五、讨论

实验三在实验二的基础上,结合过去的相关研究成果(De Cremer et al.,2005;Kark et al.,2003),引入比关系自我效应更强的中介变量(关系认同),检验关系认同和组织认同的不同的中介效应路径,以此对经典群体卷入模型的"社会认同中介效应假设"进行细化和扩展。实验三的结论基本支持了本书提出的社会自我中介效应的机制(理论命题)和相关假设,即人际关系性质的中介变量(关系认同)在互动公平和两个人际关系性质的结果变量之间起着中介效应,群体性质的中介变量(组织认同)在互动公平和群体性质的结果变量之间起着中介效应。然而,组织认同在互动公平和对领导的帮助行为(人际关系性质的结果变量)之间的中介效应却是和本研究所提出的社会自我中介效应的机制不一致的。在互动公平和人际关系性质的结果变量之间,关系认同和关系自我的效应大小的显著差异支持了研究提出的中介变量效应大小比较的机制;同时,实验三也发现社会自我(关系认同)可能是比社会交换(领导—成员交换)更有效的中介变量。

实验三重复了实验一和实验二对自我建构量表的结构检验,自我建构量表的有效性再次得到支持。然而,实验三并未发现互动公平对关系自我的影响,这和实验一和实验二的结论是不一致的。同时,实验三也未发现关系自我在互动公平和人际关系性质的结果变量之间的中介效应,这和实验二的结论是一致的。

在实验一和实验二的研究基础上,实验三证实了本研究提出的"社会自我"这一理论概念的结构,即社会自我是包括了关系认同、关系自我、组织认同和群体自我在内的四因素的结构。

同实验二一样,实验三仍然未发现关系自我在互动公平和人际关系性质的结果变量之间的中介效应,证明了本书在实验二讨论部分提出的观点(即评价中介变量效应大小的标准),关系自我虽然是人际关系性质的,却是一般抽象化的,离具体的情境较远的自我概念,因此,难以起到连接同为具体情境的前因变量(互动公平)和人际结果变量之间的作用(即中介效应)。

关系认同在互动公平和人际关系性质的结果变量之间的中介作用证实了本书之前的思路,即人际关系性质且具体情境化的变量更有可能在互动公平和人际关系性质的结果变量之间起中介作用。并且,实验三扩展了群体卷入模型框架下 De Cremer 等的类似研究,相比于他们的研究,实验三对关系认同的作用路径的定义更为精确(他们未区分人际关系性质的群体性质的结果变量),更为重要的是,实验三同时检验了组织认同和关系认同的中介效应(他们检验的是作为单一中介变量的关系认同)的效应,因此,实验三得到的中介效应,更精确、更有说服力。

同为人际关系性质且具体情境化的变量,领导—成员交换却并未在互动公平和人际关系性质的结果变量之间起中介作用,这和过去基于社会交换的中介效应检验的结论(Cropanzano et al. , 2002;Masterson et al. , 2000)是不一致的。说明基于社会自我概念的中介变量(关系认同)的效应可能更强于基于社会交换的中介变量(领导—成员交换)的效应。这也有力地支持了群体卷入模型,即在对互动公平的效应的解释上,社会自我,而非社会交换,是更有效的中介机制。本研究的结论也呼应了 Van Knippenberg 等关于在领导领域(包括领导公平)整合社会交换研究和社会自我研究的观点。

在互动公平和人际关系性质的变量之间,实验三对多个中介变量效应的差异进行了比较。关系自我、领导—成员交换各自的中介效应不显著(如前所述),它们的中介效应在统计上也要显著地小于关系认同的效应。

组织认同在互动公平和群体性质的结果变量之间发挥着完全中介效应,重复了实验二的结论。并且,尽管引入了关系认同,但组织认同在互动公平和对领导的帮助行为这一人际关系性质的结果变量之间仍然起中介作用。研究的结论发现了组织认同是一个强有力的中介变量,支持了群体卷入模型关于"社会认同中介效应假设"的核心思想。

然而,组织认同在互动公平和对领导的帮助行为(人际关系性质的结果变量)之间的中介效应却是和研究提出的社会自我中介效应的机制不一致的,这可能和对领导的帮助行为的题目设计有关。对领导的帮助行为题目如下:"如果有机会,我愿意主动协助辅导员管理班级事务。""假如下周有班级活动,辅导员希望同学们出谋划策,你愿意提建议吗?"可以看到,题目中均出现了"班级"这一指代群体的词,被试可能多少由此产生了群体层面的知觉。相反,对领导的评价量表的条目设计则无群体性质的词汇。因此,可能是对领导的帮助这一问卷的题目激活了基于群体的知觉,因此,组织认同也更易于在互动公平和对领导的帮助行为之间产生中介效应。将来的研究在设计类似题目的时候要尽量避免与群体有关的词汇,以免发生干扰。

实验三的主要结论如下:(1)关系自我和群体自我是独立的结构。(2)自我建构包括了独立自我、关系自我和群体自我三个因素。(3)社会自我包括关系自我、群体自我、关系认同和组织认同四个因素。(4)关系认同在互动公平和人际关系性质的结果变量(包括对领导的评价和对领导的帮助行为)之间起着中介作用。(5)组织(学院)认同在互动公平和群体性质的结果变量(OCBO)之间起着完全中介作用,同时也在互动公平和对领导的帮助行为(人际关系性质的结果变量)之间起着中介作用。(6)在互动公平和人际关系性质的结果变量(包括对领导的评价和对领导的帮助行为)之间,关系自我和LMX的中介效应(通过"间接效应"体现)在统计上显著地小于关系认同的中介效应。

## 第九节　实验三和实验二对应数据的合并分析

本研究认为互动公平显著影响关系自我的激活,但不影响群体自我的激活,实验一和实验二均支持了这一假设。但在实验三中,互动公平对关系自我的影响未得到支持。这说明互动公平对关系自我建构的影响可能还不太稳定,可能受研究样本来源的影响,因此,有必要进一步分析,当控制了样本来源的影响后,互动公平对关系自我和群体自我的影响是否有差异。

由于互动公平操作和自我建构的题目完全相同,研究把实验二和实验三的对应题目的数据合并(共350个被试)。数据合并后被试的基本情况(样本来源)如下:浙江树人大学($n=83$),浙江工业大学($n=50$)、杭州师范大学($n=138$)和浙江传媒大学($n=79$),被试总计350人,其中男性被试96人,女性被试254人。被试平均年龄20.2岁。

同实验二和实验三,性别、年龄和学校类型作为控制变量。对分类变量性别做哑变量处理(1=女性;0=男性)。由于合并后的数据被试来自四所学校(浙江树人大学、浙江工业大学、杭州师范大学和浙江传媒大学),因此,对学校类型在作哑变量编码的时候需要设置三个哑变量(Cohen Cohen et al.,2003;吴明隆,2010b),以浙江树人大学为参照基准,分别设置变量:学校1(浙江工业大学和浙江树人大学的比较)、学校2(杭州师范大学和浙江树人大学的比较)和学校3(浙江传媒大学和浙江树人大学的比较)。

将控制变量与关系自我和群体自我做相关分析,发现关系自我分别与学校2($r=0.204,p<0.001$)、学校3($r=-0.106,p<0.05$)和性别($r=$

0.142,$p<0.01$)相关显著:群体自我分别与学校 2($r=0.142$,$p<0.01$)、学校 3($r=-0.243$,$p<0.001$)、性别($r=0.111$,$p<0.05$)以及年龄($r=-0.189$,$p<0.001$)相关显著。

以学校 2、学校 3 和性别为控制变量,做互动公平对关系自我影响的回归分析。互动公平对关系自我有着显著的正向影响($\beta=0.108$,$p<0.05$),说明互动公平条件下被试有更高水平的关系自我。

以学校 2、学校 3、性别和年龄为控制变量,做互动公平对群体自我影响的回归分析。互动公平对群体自我影响不显著($\beta=0.086$,$p=0.098$)。

# 第十节 研究一的讨论

## 一、研究小结

### (一)基于互动公平的群体卷入模型:社会自我的中介机制

研究一旨在探讨不同类型的社会自我在互动公平和不同类型的结果变量之间的中介机制,从而精确化群体卷入模型。具体而言,本研究认为互动公平是公平的一种独立形式,作为中介变量的社会自我包括了多种类型,结果变量应该区分为人际关系性质的结果变量和群体性质的结果变量。

根据本书所提出的核心思想、理论定义和过去的研究成果,研究对各类型的社会自我的中介机制及它们之间的中介效应大小的比较机制进行了说明。研究一通过三个实验,以经典群体卷入模型的"社会认同中介效应假设"为基础,在逐一引入和控制了可能的中介变量后,研究一在中介机制上得到了一个比较精确的基于互动公平的群体卷入模型,即关系认同在互动公平和人际关系性质的结果变量之间起着中介作用;组织(学院)认同在互动公平和群体性质的结果变量之间起着完全中介作用,同时也在互动公平和对领导的帮助行为这一人际关系性质的结果变量之间起着中介作用。本书将最终得到的模型命名为"互动公平效应的双通道(关系认同和组织认同)中介模型"(见图 4.6)。研究一最终得到的模型和 Kark 等(2003)关于关系认同和组织认同在转换型领导和结果变量(包括人际关系性质和群体性质)之间的中介作用模型十分类似,这说明领导对下属的人际对待(本研究中互动公平的实施者为领导)可能在本质上具有共同的作用过程。

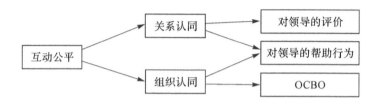

图 4.6 互动公平效应的双通道(关系认同和组织认同)中介模型

研究的结果支持了经典群体卷入模型关于"程序在执行过程中的人际间的对待(即互动公平)会影响组织认同,进而促进积极的心理结果"这一核心假设。同时,对互动公平的独立研究,对因变量从人际关系和群体角度的区分,关系认同和组织认同在互动公平和不同类型因变量之间的不同中介效应又是对经典群体卷入模型的精细化和扩展。它说明互动公平是通过不同的社会自我的中介路径来促进积极的组织行为的。

(二)基于互动公平的群体卷入模型:理论贡献

如前所述,对经典群体卷入模型中介效应的精细化,需要单独研究互动公平的作用过程和定义不同类型的社会自我,这就涉及与该模型相关的领域的基础理论(代理人—系统模型、自我建构论、组织认同论、人际认同理论和相近的依恋理论)。本书根据对相关领域研究的共同规律的总结,提出了两个核心思想,定义了"社会自我"(基于自我建构和认同理论)并证实了其结构。研究结果对这些领域本身也做出了贡献,在中国背景下修订了自我建构量表,证明了其结构。将自我建构领域关于关系自我和群体自我的区分运用到公平领域,发现互动公平对关系自我和群体自我的不同影响。这些理论进展和成果是研究关于社会自我的中介作用假设的基础。虽然自我建构(关系自我)的中介效应在多个中介变量的条件下(实验二和实验三)最终未获得支持,但如果没有对它的检验,研究所得到的基于互动公平的中介模型是缺乏说服力的。同时,它也提醒研究者在今后的研究中要注意对多个中介变量的同时检验(Preacher,Hayes,2008),因为单一中介变量的效应

(如关系自我在实验一中的显著中介效应)很可能在多个中介变量同时存在的背景下会消失。

## 二、自我建构和社会自我的结构

自我建构和社会自我是本书的概念基础,只有将相关的概念界定清楚,相应的研究才能展开。

Markus 和 Kitayama(1991)最早提出自我建构的概念,并将其区分为独立自我和互依自我。近年来,研究者认为互依自我应该进一步区分为关系自我和群体自我(Brewer et al.,1996;Brewer et al.,2007;Kashima et al.,2000)。基于自我建构领域的研究进展,本书认为自我建构由独立自我、关系自我和群体自我三部分构成。在测量上,研究一翻译和修订了国外关于自我建构的成熟量表(实验一),并通过实验二和实验三在不同的样本中重复证明了其信效度。研究假设 H1a 和 H1b 得到了支持。

社会自我是本研究的一个理论创新点。本书所提出的"社会自我"概念并不是将过去文献中的相关概念简单地堆砌,而是依据一定的理论思想(或标准)对社会自我定义。定义社会自我的理论标准是本书提出的两个核心思想(这两个核心思想又来自对过去文献的总结):"人际关系性质的变量和群体性质的变量的差异"和"自我概念的不同表征水平(一般抽象化 vs. 具体情境化)的差异"。在这两个核心思想(标准)的基础上,结合自我建构领域的关系—群体自我区分、认同领域关于关系认同和群体(组织)认同的区分(Cooper et al.,2010),本书定义了社会自我。社会自我包括关系认同、关系自我、群体(组织)认同和群体自我四个部分,并且其结构得到了研究一的证实,研究假设 H2 得到了支持。社会自我概念的提出,从理论上提供了定义相关概念的框架,改进了当今自我建构和认同领域相关概念的定义比较混淆的情况(Cooper et al.,2010),也从理论上为进一步整合当前群体卷入模型内的不同研究(即多个中介变量中介效应的检验)奠定了基础。

### 三、互动公平对自我建构的影响

#### (一)关系自我和群体自我的区别在公平领域的应用

虽然在公平领域,研究者也注意到关系自我和群体自我的区分,认为公平可能对它们产生不同的影响(Blader et al.,2009;Johnson et al.,2006),但是没有实证研究予以证实。研究一首次将关系自我和群体自我的区分引入公平领域,并发现互动公平影响关系自我,但不影响群体自我,研究假设H3得到了支持。研究一的结论为公平和自我建构领域的整合做出了贡献。

#### (二)互动不公平对独立自我的影响不显著

尽管本研究关注的是群体卷入模型(公平的积极方面)。但如前所述,公平也有着消极的一面(不公平)。因此与Johnson和Lord的研究一致,研究在构建基于互动公平的群体卷入模型时,也涉及与之相近的研究,即互动不公平对独立自我的影响。

研究一未发现互动不公平对独立自我的影响,这和过去的研究不一致(Johnson et al.,2010;Johnson et al.,2010;Lind,2001),研究假设H4未得到支持。一个可能的原因是文化的影响,因为中国人从小被教育要服从集体和关注他人,不被鼓励过多地表达个体意向(独立自我)(Markus et al.,1991;Li et al.,2006;杨中芳,2009),文化的影响可能提高了独立自我的激活阈限,使互动不公平的效果不明显。今后的研究可以在不同的文化背景下比较互动不公平对独立自我的效应。另一个可能的原因是Johnson和Lord的研究中采用的是总体(不)公平。由于总体公平的效应要强于单一类型公平的效应(Ambrose et al.,2009),因此,这也可能是互动不公平无法对独立自我产生影响的一个原因。

### 四、社会自我的中介效应

Preacher和Hayes(2008)建议在对中介效应的研究中应该检验多个可能的中介变量。在群体卷入模型框架内,已有的对不同类型的社会自我作为中介变量的研究(De Cremer et al.,2005;Johnson et al.,2010;

Olkkonen et al.，2006)为多个中介变量的同时检验提供了实证基础。

基于研究的两个核心思想和对社会自我理论定义,本书提出了对社会自我中介效应检验的机制(理论命题)。它包括两个部分:第一部分是对各类型的社会自我在互动公平和结果变量之间的中介效应检验的机制;第二部分是不同类型的社会自我的中介效应的大小的比较机制。研究一的结论基本支持了研究的设想。

(一)各类型社会自我的中介效应

依据本书所提出的第一个核心思想、公平领域的代理人—系统模型,研究提出了对各类型的社会自我在互动公平和结果变量之间的中介效应进行检验的机制,即人际关系性质的社会自我(关系自我、关系认同)会在互动公平和人际关系性质的结果变量(对领导的评价和对领导的帮助行为)之间起中介作用,群体性质的社会自我(组织认同)会在互动公平和群体性质的结果变量(对组织的组织公民行为)之间起中介作用。根据这一机制,结合相关领域的研究成果,本书对各类型的社会自我在互动公平和结果变量之间的中介效应进行检验。

这一观点基本上得到了研究结果(见图4.6)的支持,关系认同(人际关系性质)在互动公平和全部的人际关系性质的结果变量之间起中介作用。组织认同(群体性质)在互动公平和群体性质的结果变量之间起完全中介作用。但是,组织认同在互动公平和对领导的帮助行为(人际关系性质的结果变量)之间起中介的效应,这和预期不一致,本书随后会讨论这个问题。与组织认同和关系认同中介效应有关的研究假设 H5、H6、H8 和 H9 得到了支持。

(二)中介效应大小的比较

依据研究的第二个核心思想,即"自我概念的不同表征水平(一般抽象化 vs. 具体情境化)的差异",以及与之有关的社会自我的理论定义,研究提出了对互动公平和人际关系性质的结果变量(包括对领导的评价和对领导的帮助行为)之间可能存在的多个中介变量(关系认同、关系自我和领导成员交换)进行效应大小比较的机制。总的来说,相对于一般抽象化的变量(关系自我建构),与具体的情境直接有关的中介变量与情境线索(自变量)和结果变量(因变量)的联系应该更加紧密,其中介效应应该更强。

关系认同和关系自我在中介效应上的差异支持了本书提出的多个中介变量效应大小的比较机制。依据研究一的结果,关系认同的中介效应显著地大于关系自我的中介效应,研究的假设 H11a 得到了支持,说明了具体情境化的关系认同是更"强大"的中介变量,而一般抽象化的、离具体的情境"较远"的自我建构(关系自我),中介能力相对较弱。然而,需要说明的是,关系自我本身的中介效应在其他多个中介变量(例如实验二中的关系认同和组织认同,以及实验三中的关系认同、组织认同和领导—成员交换)存在的背景下,"弱小到不显著",是与研究预期不一致的,研究假设 H7 未得到支持,对这一现象的事后的解释仍然涉及研究的第二个核心思想,在实质上是与前面提到的多个中介变量效应大小的比较机制一致的,相关的论述参见实验二的讨论部分。综上所述,互动公平对人际关系性质的结果变量的影响,基本上是经过关系认同(还有一部分是经过组织认同)传递的,而不会经过关系自我。因此,关系自我不会发挥中介作用。

最后,领导—成员交换和关系自我之间的中介效应大小没有显著差异(研究假设 H11b 未得到支持),领导—成员交换的中介效应也不显著(研究假设 H10 未得到支持),因此对二者的中介效应大小的比较就失去了意义。

(三)尚待解决的问题

依据研究提出的中介效应检验和比较机制,本书尚无法回答如下两个问题。

第一,关系认同和领导—成员交换的中介效应差异的问题。作为和关系认同在性质上类似(人际关系性质且具体情境化)的变量,领导—成员交换为何未能在互动公平和人际关系性质的结果变量(包括对领导的评价和对领导的帮助行为)之间发挥中介作用,并且为何其中介效应(通过间接效应表示)会显著地小于关系认同的中介效应? 如前所述,要解释二者的差异,可能涉及在领导公平领域对基于社会交换的中介变量和社会自我的中介变量进行理论整合的问题(Van Knippenberg et al.,2004)。由于领导—成员交换在本研究中仅作为控制变量,并非研究关注的重点,因此,研究未就这方面做深入的探索和说明,仅通过研究结果做了事后的说明。从理论机制上进行深入讨论可能是今后研究的一个方向。

第二,作为群体性质的中介变量的组织认同,为何会在互动公平和对领导的帮助行为这一人际关系性质的结果变量之间起中介作用(和本书提出的社会自我的中介机制是不一致的)? 如果用多个中介变量效应大小比较的机制来解释(组织认同是具体情境化的变量,可能其中介效应比较强)的话,又无法说明组织认同在互动公平和另一个人际关系性质的结果变量(对领导的评价)未能发挥中介作用的事实(这种情况和本书提出的各类型的社会自我的中介机制又是一致的)。一个可能的原因,本书在实验三的讨论中已经提到,就是对"对领导的帮助行为"的题目设置。"对领导的帮助行为"的测量题目引发了与群体("班级")有关的知觉,从而增强了群体性质的中介变量和结果变量之间的联系,这可能是组织认同在互动公平对领导的帮助行为之间发挥中介作用的原因(详见实验三的讨论)。相反,"对领导的评价"就没有涉及与"群体"有关的词汇,因此,组织认同未在互动公平和对领导的评价之间发挥中介效应。今后的类似研究在设计因变量题目的时候,要更多地考虑避免"群体性质"的词汇对"人际关系"性质的因变量测量的干扰,或"人际关系性质"的词汇对"群体性质"的因变量测量的干扰。

### 五、关于互动公平的"两面性"的思考和下一步的研究

根据互动公平的定义和代理人—系统模型,互动公平仅与人际关系性质的结果变量相联系(Bies et al.,1986;Cropanzano et al.,2002;Masterson et al.,2000;周浩等,2005),它应该是纯粹"人际关系"性质的。在群体卷入模型框架下的研究中,Lipponen 等(2004)也发现互动公平不会影响群体性质的变量(组织认同和成员共有的群体身份感)。代理人—系统模型是本书人际关系知觉—群体知觉差异思想建立的一个理论基础。然而,如前面所述,互动公平领域的研究却不完全支持代理人—系统模型的观点,群体卷入模型框架内的研究已说明互动公平可以影响组织认同这一典型的群体性质的变量(Olkkonen et al.,2006;Tyler et al.,2003)。另外,

其他关于互动公平的研究也发现互动公平可以影响对组织的组织公民行为(Colquitt et al.,2001；Rupp et al.,2002；皮永华,2006)这一群体性质的变量。从这个角度来看,互动公平具有"两面性",可能同时具有"人际关系"性质和"群体化"性质。本研究的结果也发现组织认同在互动公平和群体性质的结果变量之间起完全中介效应,也说明互动公平会影响群体性质的变量。

互动公平的两面性是否说明代理人—系统模型的预测不准确呢？笔者认为,互动公平与群体性质的变量之间可能存在中间变量的影响。该变量使具有人际互动性质的互动公平的影响转化为对群体的知觉。由于互动公平通常是由一个群体的领导或权威来实施,领导通常被视为群体的代表,其对成员的态度,在成员看来可以反映出(群体)组织的态度,可以使成员在认知上从单纯的"与领导的人际关系"转化为"与群体的关系"。如前文文献提到,本书将关于领导对群体的代表性的研究统称为"领导原型化"的研究。笔者认为领导原型化是互动公平和群体性质的结果变量(组织认同和对组织的组织公民行为)之间的调节变量。

在下一个研究(研究二)中,本书将探讨领导原型化在互动公平效应之中的调节作用。领导原型化作为调节变量的引入,整合了代理人—系统模型和群体卷入模型,一方面,它是对群体卷入模型的核心思想("社会认同中介效应假设")的深入探索,也是对互动公平对组织认同的影响机制的深入探索;另一方面,它也有助于解释互动公平研究中与代理人—系统模型不一致的地方。

## 六、研究一结论

研究一的主要结论如下：(1)关系自我和群体自我是独立的结构。(2)自我建构包括了独立自我、关系自我和群体自我三个因素。(3)社会自我包括关系自我、群体自我、关系认同和组织认同四个因素。(4)互动公平对关系自我的激活有显著的正向影响。(5)关系认同在互动公平和人际关系性质的结果变量(包括对领导的评价和对领导的帮助行为)之间起中介作用。(6)组织(学院)认同在互动公平和群体性质的结果变量之间起完全中介作用,同时也在互动公平和对领导的帮助行为(人际关系性质的结果变量)之间起中介作用。(7)在互动公平和人际关系性质的结果变量(包括对领导的评价和对领导的帮助行为)之间,关系自我和LMX的中介效应(通过"间接效应"体现)在统计上显著地小于关系认同的中介效应。

# 第五章　研究二:领导原型化对
# 互动公平影响的调节效应

## 第一节　研究背景和思路

　　Van den Bos (2005)认为,对于公平的研究应该着眼于公平发挥作用的机制。研究一对互动公平发挥作用的中介机制进行了探索。但与本研究的理论基础之一的代理人—系统模型不一致的地方是,互动公平对群体性质的变量(组织认同和对组织的组织公民行为)存在影响。笔者认为领导是否能够代表群体(即领导原型化)是互动公平影响群体性质的变量(组织认同和对组织的组织公民行为)的重要机制。这也许可以解释代理人—系统模型中当前研究的不一致的现象。

　　研究二旨在对群体卷入模型(也包括研究一的结论)中与代理人—系统模型中不一致的地方进行说明。这也是对群体卷入模型"社会认同中介效应假设"的深化过程。研究二将领导者本身的特征(领导原型化)从领导的互动公平情境中分离出来,研究领导原型化如何影响互动公平的作用过程。

　　研究二也是对本书提出的研究的第一个核心思想"人际关系性质的变量和群体性质的变量的差异"的推进。笔者认为,人际关系性质的变量和群体性质的变量不仅存在差异,两者在一定条件下是可以转换的,而领导原型化就是起着转换作用的心理机制(调节作用)。

　　在本书中,领导对成员的互动公平是人际关系性质的前因变量。群体性质的变量包括组织认同和对组织的组织公民行为(OCBO)。群体性质的

变量和研究一所采用的变量是一致的，同时也是和领导原型化领域的研究
一致的。过去的领导原型化的研究中，群体性质的变量主要分为两类：一类
是与群体认同或社会自我有关的因变量，例如感知到的群体的尊重感
（Lipponen et al.，2005）和组织认同（Sluss et al.，2008）；另一类是与对群
体的态度有关的因变量，例如组织承诺（Eisenberger et al.，2010）和基于群
体的信任（Seppala et al.，2012）。研究二所采用的中介变量和因变量也是
和过去的研究一致的。组织认同是社会自我性质的变量，而 OCBO 是对组
织的态度（行为倾向性）。

## 第二节　研究目的

研究二将检验领导原型化在互动公平和这两个群体性质的变量（组织
认同和 OCBO）之间的调节作用。同时，和群体卷入模型的"社会认同中介效
应假设"这一核心思想一致，研究二也将继续检验领导原型化在互动公平和
OCBO 之间的调节作用是否受到组织认同的中介（即对有中介的调节效应
的检验）。

## 第三节　研究假设

### 一、领导原型化在互动公平和组织认同之间的调节作用

组织认同这一社会自我概念在群体卷入模型框架下处于核心位置，是
经典群体卷入模型的基础，并得到研究证实（包括本研究研究一的结论）。
然而，互动公平影响群体性质的结果变量（组织认同）又是和代理人—系统
模型不一致的。本研究认为在互动公平对组织认同的影响之间，可能存在
中间变量（领导原型化）的调节效应。研究二在研究一的基础上，继续对领
导原型化在互动公平和组织认同之间的调节机制进行深入探索。

组织认同的研究者认为领导原型化可能是成员与领导的关系转化为成
员对组织的反应的机制（Mael et al.，1992；Sluss et al.，2008）。实证研究

(Lipponen et al.，2005)发现了领导原型化在互动公平和与认同有关的变量（群体对自己的尊重感）之间的增强作用，即领导原型化程度高时，互动公平对于尊重感的效应显著；而领导原型化程度低时，互动公平对尊重感则不产生影响。然而，他们并未对领导原型化和互动公平进行实验操作。虽然尊重感和认同关系密切，但在概念上并不能将二者等同。

本研究在此基础上通过对实验的方法操作互动公平，检验领导原型化在互动公平和组织认同之间的调节作用。本研究假设：

H1：领导原型化在互动公平和组织认同之间起调节作用。当领导原型化程度高时，互动公平显著影响组织认同；当领导原型化程度低时，互动公平不影响组织认同。

## 二、领导原型化在互动公平和对组织的组织公民行为（OCBO）之间的调节作用

在群体卷入模型中，组织公民行为（或角色化行为）是作为结果变量出现在中介模型中的（Blader et al.，2009；De Cremer et al.，2005；Olkkonen et al.，2006）。研究一对组织认同中介效应检验中发现互动公平显著影响OCBO这一群体性质的结果变量（根据Baron和Kenny对中介检验的标准，中介作用产生的一个前提是自变量对因变量的显著影响）。这虽然支持了群体卷入模型，但是和代理人—系统模型的观点是不一致的。笔者认为，领导原型化可能是互动公平和OCBO之间的调节变量。如前所述，过去的研究也发现了领导原型化在成员与领导的关系和成员对组织的态度之间的调节作用（Eisenberger et al.，2010；Janson et al.，2008；Seppala et al.，2012）。在这些研究的基础上，笔者认为领导原型化在互动公平和OCBO之间起调节作用。

H2：领导原型化在互动公平和OCBO之间起调节作用。当领导原型化程度高时，互动公平显著影响OCBO；当领导原型化程度低时，互动公平不影响OCBO。

### 三、组织认同在领导原型化和互动公平的交互作用和 OCBO 之间的中介效应

经典群体卷入模型的一个核心思想是"社会认同中介效应假设"，即社会（组织）认同在公平和结果变量之间起着中介作用。研究一发现组织认同在互动公平和 OCBO 之间起完全中介效应，那么，当引入了领导原型化这一调节变量后，领导原型化在互动公平和 OCBO 之间的调节效应，是否经过组织认同中介呢？即，仅在领导原型化程度高的条件下，组织认同才会在互动公平和 OCBO 之间发挥完全中介效应；而当领导原型化程度低时，组织认同不会在互动公平和 OCBO 之间发挥完全中介效应。

对有中介的调节效应依据温忠麟等（2006）提出的检验方法，根据前面提出的两个假设可以知道，领导原型化和互动公平的交互作用将会显著地影响组织认同和 OCBO。并且，根据过去的研究（Colquitt et al.，2001；皮永华，2006）和研究一的发现，组织认同会显著地影响 OCBO。因此，本研究认为，当领导原型化程度高时，互动公平首先影响的是组织认同，再通过组织认同影响 OCBO。研究提出如下假设：

H3：组织认同在互动公平和领导原型化的交互作用和 OCBO 之间起着中介效应。仅在领导原型化程度高的条件下，组织认同才会在互动公平和 OCBO 之间发挥中介效应；而当领导原型化低时，组织认同不会在互动公平和 OCBO 之间发挥中介效应。

## 第四节　研究方法简介

### 一、自变量的操作

研究二由两个实验构成。实验四对互动公平采用"情境故事"（scenario）进行实验操作，实验情境设置同研究一，对于领导原型化则采取问卷报告的方式测量；实验五在实验四的基础上，同时对互动公平和领导原型化进行实验操作，实验情境由实验四改编而来。

## 二、研究结果的分析方法

运用回归分析、方差分析和协方差分析对与研究假设有关的调节效应、有中介的调节效应进行分析。

## 三、研究二的整体路线

根据对前面相关内容的总结,绘制出研究二的整体路线(见图 5.1)。

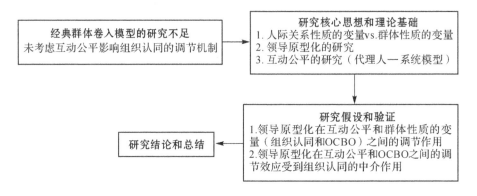

图 5.1　研究二的整体路线

## 第五节　研究二各实验简介

研究二包括了实验四和实验五两个实验,旨在验证研究提出的上述假设。两个实验的区别在于实验情境的设计上,实验四仅对互动公平进行实验操作;而实验五则同时对互动公平和领导原型化进行实验操作。

## 第六节　实验四

### 一、研究目的和假设

实验四旨在检验假设 H1、H2 和 H3。假设的提出和具体内容见前文相关部分。

## 二、研究方法

实验采用 2(互动公平，公平 vs. 不公平)×2(领导原型化，高 vs. 低)被试间实验设计。对互动公平采用实验操作，实验操作情境同研究一，对领导原型化采用问卷测量。因变量为组织认同和对组织的组织公民行为(OCBO)，采用问卷测量。实验程序同研究一。

## 三、实验被试

实验被试来源于研究一中的实验二和实验三的被试。被试来自浙江省四所高校：浙江树人大学(83 人)、浙江工业大学(50 人)、杭州师范大学(138 人)和浙江传媒大学(79 人)，被试总计 350 人。其中男性被试 96 人，女性被试 254 人。被试平均年龄 20.2 岁。被试被随机分配到互动公平情境($n=$ 173)和互动不公平情境($n=177$)中。

## 四、实验操作和实验材料

互动公平的实验操作和实验材料同研究一。

## 五、反应变量

1. 互动公平的操作检验

同研究一中所用的条目，共 2 道题目。量表具有较好的信度，其内部一致性 $\alpha$ 系数为 0.984。

2. 领导原型化的测量

领导原型化问卷改编自 Eisenberger 等(2010)的"领导作为组织代表"(supervisor's organizational embodiment，SOE)问卷，共 2 道题目："本次谈话中，我认为辅导员的行为代表了学院的行为"和"我认为辅导员是学院的代表"。题目采用李克特七点量表计分(1—非常不同意；7—非常同意)。量表具有较好的信度，$\alpha$ 系数为 0.790。

3. 组织认同量表

组织认同量表与研究一所用条目相同，共 4 道题目。量表具有较好的信度,α 系数为 0.844。

4. 对组织的组织公民行为(OCBO)量表

OCBO 量表与研究一所用条目相同,共 2 道题目。量表具有较好的信度,α 系数为 0.723。

## 三、研究结果

### (一)互动公平的操作检验

相对于互动不公平情境($M=1.410$),在互动公平情境下,被试报告了更多的公平体验($M=6.332$),说明互动公平的实验操作是成功的,$F(1,348)=3.306E3$,$p<0.001$。

### (二)人口统计学控制变量

人口统计学控制变量为年龄、性别和学校类型。对分类变量性别和学校类型做哑变量处理(Cohen Cohen,West,Aiken,2003;吴明隆,2010b)。性别编码为:1=女性;0=男性。由于被试来自 4 所学校(浙江树人大学、浙江工业大学、杭州师范大学和浙江传媒大学),因此,对学校类型做哑变量编码的时候需要设置三个哑变量,以浙江树人大学(民办高校)为参照基准,分别设置变量:学校 1(浙江工业大学和浙江树人大学的比较)、学校 2(杭州师范大学和浙江树人大学的比较)和学校 3(浙江传媒大学和浙江树人大学的比较)。

### (三)领导原型化在互动公平和结果变量(组织认同和OCBO)之间的调节效应

在进行调节效应检验前首先对预测变量的共线性进行检验。如表 5.1 所示,所有预测变量的 VIF 值均小于 10,预测变量间不存在多重共线性的问题(吴明隆,2010b)。依据温忠麟等(2005)的建议,在进行自变量为分类变量(互动公平),调节变量为连续变量(领导原型化)的调节效应检验时,需将分类变量做虚拟变量处理,并将自变量和调节变量中心化,再计算二者的乘积。首先将互动公平进行哑变量编码(1=公平;0=不公平)。然后将控制变量、编码后的互动公平和领导原型化做中心化处理,再次计算互动公平和领导原型化交互作用(二者中心化后的分数的乘积)。根据温忠麟等的建议,本书采用分层回归方法分析互动公平和领导原型化的交互作用对组织认同的影响。第一步将控制变量、自变量(互动公平)和调节变量(领导原型化)放入回归方程;第二步将互动公平和领导原型化的交互作用放入回归方程。

表 5.1　领导原型化在互动公平和结果变量之间的调节作用($n = 350$)

| 变量 | 学院认同($\beta$) | | OCBO($\beta$) | | VIF | |
|---|---|---|---|---|---|---|
| | 第一步 | 第二步 | 第一步 | 第二步 | 第一步 | 第二步 |
| 控制变量 | | | | | | |
| 学校 1 | $-0.198^{**}$ | $-0.202^{**}$ | $-0.206^{**}$ | $-0.209^{**}$ | 1.587 | 1.587 |
| 学校 2 | $-0.133$ | $-0.146^{*}$ | $-0.075$ | $-0.086$ | 1.893 | 1.897 |
| 学校 3 | $-0.215^{*}$ | $-0.226^{*}$ | $-0.214^{*}$ | $-0.224^{*}$ | 3.444 | 3.448 |
| 年龄 | $-0.052$ | $-0.04$ | $-0.084$ | $-0.073$ | 2.370 | 2.374 |
| 性别 | $0.143^{**}$ | $0.138^{**}$ | 0.080 | 0.075 | 1.085 | 1.086 |
| 自变量和调节变量 | | | | | | |
| 互动公平 | $0.240^{***}$ | $0.192^{***}$ | 0.111 | 0.071 | 1.424 | 1.486 |
| 领导原型化 | $0.139^{*}$ | $0.221^{***}$ | $0.131^{*}$ | $0.199^{**}$ | 1.422 | 1.605 |
| 交互作用 | | | | | | |
| 互动公平×领导原型化 | | $0.206^{***}$ | | $0.169^{**}$ | | 1.137 |
| $R^2$ | 0.180 | 0.217 | 0.125 | 0.150 | | |
| $\Delta R^2$ | $0.180^{***}$ | $0.037^{***}$ | $0.125^{***}$ | $0.025^{**}$ | | |

注:①互动公平(1=公平;0=不公平)和性别(1=女性;0=男性)为哑变量编码。
②学校为哑变量编码,学校 1=浙江工业大学和树人大学的比较,学校 2=杭州师范大学和树人大学的比较,学校 3=浙江传媒大学和树人大学的比较。
③$^{*}\ p < 0.05$,$^{**}\ p < 0.01$,$^{***}\ p < 0.001$。

研究结果表明,互动公平和领导原型化的交互作用对组织认同的影响显著($\beta = 0.206$,$p < 0.001$)。进一步单独对互动公平和领导原型化的交互作用对组织认同的影响进行简单效应分析(见图 5.2)。依照 Cohen 等(2003)的建议,取调节变量(领导原型化)的平均数的上下一个标准差的数值分别作为领导原型化的高低值,进行简单效应分析。当领导原型化高时,

互动公平对组织认同的影响显著（$b=1.118$，$t_{(346)}=5.973$，$p<0.001$）；而当领导原型化程度低时，互动公平对组织认同的影响不显著（$b=-0.098$，$t_{(346)}=-0.420$，$p=0.675$）。

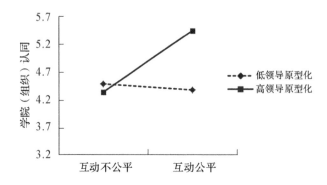

图 5.2  领导原型化在互动公平和学院（组织）认同间的调节作用

互动公平和领导原型化的交互作用对 OCBO 的影响显著（$\beta=0.169$，$p<0.01$）（见表 5.1）。进一步单独对互动公平和领导原型化的交互作用对 OCBO 的影响进行简单效应分析（见图 5.3）。以平均数的上下一个标准差的数值作为领导原型化的高低值，进行简单效应分析。当领导原型化高时，互动公平对 OCBO 的影响显著（$b=0.745$，$t_{(346)}=3.742$，$p<0.001$）；而当领导原型化程度低时，互动公平对 OCBO 的影响不显著（$b=-0.285$，$t_{(346)}=-1.173$，$p=0.242$）。

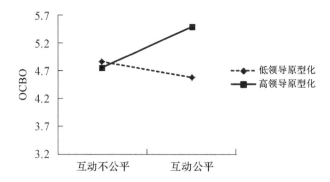

图 5.3  领导原型化在互动公平和 OCBO 间的调节作用

（四）组织认同在互动公平和领导原型化的交互作用和 OCBO 之间的中介效应

继续检验组织认同在领导原型化和互动公平的交互作用和 OCBO 之间的中介效应。温忠麟等(2006)认为对有中介的调节变量的检验分三步：一是检验自变量、调节变量、自变量和调节变量的交互作用对因变量的影响，这一步旨在判断自变量和调节变量的交互作用对因变量的影响是否显著。在前一部分，研究已经发现互动公平和领导原型化的交互作用对 OCBO 影响显著。二是检验自变量、调节变量、自变量和调节变量的交互作用对中介变量的影响，这一步旨在判断自变量和调节变量的交互作用对中介变量的影响是否显著。在前一部分，研究已经发现互动公平和领导原型化的交互作用对组织认同影响显著。三是检验自变量、调节变量、自变量和调节变量的交互作用，以及中介变量对因变量的影响。具体到本研究中，如果组织认同对 OCBO 的影响显著，说明其在互动公平和领导原型化的交互作用和 OCBO 之间起中介作用。如果互动公平和领导原型化的交互作用此时对 OCBO 的影响完全消失，说明组织认同在互动公平和领导原型化的交互作用和 OCBO 之间起完全中介作用。如果互动公平和领导原型化的交互作用此时对 OCBO 的影响有所降低但仍然显著，说明组织认同在互动公平和领导原型化的交互作用和 OCBO 之间起部分中介作用。由于前两步在上一部分已做了检验，因此，这里只需要进行第三步检验。结果如表 5.2 所示。

表 5.2 组织认同在互动公平和领导原型化的交互作用和 OCBO 之间的中介效应($n=350$)

| 变量 | OCBO($\beta$) | VIF |
|---|---|---|
| 控制变量 | | |
| 学校 1 | −0.058 | 1.639 |
| 学校 2 | 0.023 | 1.924 |
| 学校 3 | −0.054 | 3.513 |
| 年龄 | −0.043 | 2.376 |

**续表**

| 变量 | OCBO($\beta$) | VIF |
|---|---|---|
| 性别 | $-0.028$ | 1.110 |
| 自变量 | | |
| 互动公平 | $-0.072$ | 1.533 |
| 领导原型化 | 0.033 | 1.668 |
| 调节变量 | | |
| 互动公平×领导原型化 | 0.014 | 1.191 |
| 中介变量 | | |
| 组织认同 | 0.749*** | 1.277 |
| $R^2$ | 0.589*** | |

注：①互动公平（1＝公平；0＝不公平）和性别（1＝女性；0＝男性）为哑变量编码。
②学校为哑变量编码，学校1＝浙江工业大学和浙江树人大学的比较，学校2＝杭州师范大学和浙江树人大学的比较，学校3＝浙江传媒大学和浙江树人大学的比较。
③* $p<0.05$，** $p<0.01$，*** $p<0.001$。

预测变量的VIF都小于10，说明不存在多重共线性的问题。当组织认同进入回归模型后，组织认同对OCBO的影响显著（$\beta=0.749$，$p<0.001$），且互动公平和领导原型化的交互作用对OCBO的影响不显著（$\beta=0.014$，$p=0.704$），说明组织认同在互动公平和领导原型化的交互作用和OCBO之间起完全中介作用。

### 四、讨论

实验四发现领导原型化在互动公平和群体性质的结果变量（组织认同和OCBO）之间的调节效应，成员和领导的人际互动（互动公平）可以转化为成员对组织的态度（组织认同和OCBO），即，高领导原型化的领导，被认为可以很好地代表组织，他的行为也影响成员对组织的反应；而低领导原型化的领导，他的行为仅被视为个人行为而非代表组织，他和成员的关系不会影响成员对组织的反应。这一结论和过去的领导原型化和公平领域的类似研究是一致的（Eisenberger et al.，2010；Janson et al.，2008；Lipponen et al.，2005；Seppala et al.，2012）。并且，通过实验操作互动公平，相比于过去的研究，本研究的结论在因果关系的推论上更有说服力。实验四也首次明确研究了互动公平影响组织认同的机制,这既是对群体卷入模型的深入,也是对领导原型化领域研究的一个推进。

实验四进一步发现领导原型化在互动公平和 OCBO 之间的调节效应受到组织认同的完全中介。研究结果说明当领导原型化程度高时,互动公平对 OCBO 的影响完全是经过组织认同传递的。有中介的调节作用的发现,深化了经典群体卷入模型的"社会认同中介效应假设"。

尽管实验四的研究结果基本支持了假设,但是实验四仅对互动公平进行了实验操作,并未对领导原型化进行实验操作,领导原型化是作为反应变量进行测量的,在时间上后于互动公平的出现,因此,对领导原型化的判断很可能还会受到互动公平的影响(Lipponen et al., 2005;Platow, Van Knippenberg, 2001;Ullrich et al., 2009)。下一步的研究需要同时对互动公平和领导原型化进行实验操作,重复实验四的研究结果。

实验四的研究结论如下:(1)领导原型化在互动公平和组织认同之间起调节效应。(2)领导原型化在互动公平和 OCBO 之间起调节效应。(3)领导原型化在互动公平和 OCBO 之间的调节效应受到组织认同的完全中介作用。

# 第七节　实验五

## 一、研究目的和假设

实验五的研究目的和假设与实验四一致。

## 二、研究方法

### (一)实验设计

自变量为互动公平和领导原型化。采用 2(互动公平,公平 vs. 不公平)×2(领导原型化,高 vs. 低)被试间实验设计。对互动公平和领导原型化采用实验操作,实验操作情境由研究一的实验材料改编而来,在此基础上增加对领导原型化的情境操作。因变量为组织认同和对组织的组织公民行为

(OCBO),采用问卷测量。

(二)实验程序

实验程序基本与研究一相同。采用"情境故事"的方法对自变量进行操作,这是公平实验中常用的范式(De Cremer et al.,2005;方学梅,2009;周浩等,2005)。

实验材料相比于研究一,做了相应的变化。实验情境的设置会在下面详细介绍。

(三)实验被试

实验被试为浙江工商大学在校学生。被试在安静的课堂阅读指导语和"情境故事",然后填写问卷。共发放问卷 208 份,回收有效问卷为 202 份。其中男生 64 人,女生 138 人。被试平均年龄 21.6 岁。被试被随机分配到四种实验情境中。

(四)实验材料和实验操作

1.实验材料和领导原型化的预调查

实验的基本情境仍然同实验一,组织公平的背景设定在大学生干部选举制度改革的程序上。过去公平研究所采用的类似背景(周浩等,2005)证明了其对学生被试的有效性。实验材料的基本故事情节同研究一,即学院的老师在程序执行过程中对学生的互动公平。

实验五在研究一的基础上增加了对领导(学院老师)的原型化程度的操作。为了进行领导原型化的实验操作,笔者首先进行一项预先的调查,了解大学的学院从事学生工作的人员中,哪些能被认为对学院具有代表性(领导原型化)。预调查采用了比较"自然"的做法,首先列出了一系列包括教师和学生在内的可能从事学院行政工作的人员名单,该名单共包括了 14 位人物(包括学院院长、辅导员、团委书记、学生干部和学生干事等),然后让浙江大学的 11 名研究生(考虑到研究生经过本科 4 年的学习,对大学院系的基本情况比较了解,因此,他们的判断应该具有比较高的可靠性和代表性)对每一个人物的原型化程度进行评分。采用 5 点评分的语义差别量表(1—完全不代表;5—完全代表)。对原型化的预调查问卷见附录 2。

情境人物的原型化程度（依据平均数大小由高到低排列）如下：学院院长（$M=4.091$）、学院副院长（$M=3.636$）、团委书记（$M=3.364$）、行政老师（$M=3.182$）、辅导员（$M=3.182$）、办公室主任（$M=3.091$）、办公室值班老师（$M=2.727$）、教学秘书（$M=2.546$）、学院工会老师（$M=2.546$）、班主任（$M=2.455$）、学生干部（$M=2.273$）、负责后勤工作的老师（$M=2.000$）、学生干事（$M=1.818$）、值班学生（$M=1.727$）。

根据上面的结果，原型化程度排在首末的分别是学院院长（$M=4.091$）和值班的学生（$M=1.727$）。这基本与现实生活中人们的观念相符。根据预调查的结果，再结合本实验的背景，考虑到从事学生工作的人员的实际情况（例如学院院长、后勤老师和值班的学生在现实中一般不会从事学生工作），研究初步确定了原型化程度较高的人物（团委书记）和原型化程度较低的人物（值班老师）（由于"办公室值班老师"中的"办公室"一词可能引发被试产生对"组织"的知觉，因此，在正式的实验材料中会将其去掉）。同样，类似于研究一和实验四实验情境中的"辅导员"和"学生"的关系，"团委书记"和"值班老师"与"学生"的关系也类似于领导和成员的关系。

2. 互动公平和领导原型化的实验操作

对互动公平的实验操作同研究一，遵循了 Bies 和 Moag（1986）对互动公平的定义，包括决策执行者对成员的尊敬和真诚的对待、行为礼貌得体、对决策程序的耐心的解释。

对领导原型化的操作依据领导原型化的定义，即领导是群体的代表人物（Eisenberger et al.，2010；Lipponen et al.，2005）。在高原型化程度的条件下，决策的执行者为"团委书记"，对他的描述是"在学院工作多年，并且一直从事学生工作"。在低原型化的条件下，决策的执行者为"值班老师"，对他的描述是"刚毕业参加工作的年轻教师，主要工作是专业课的教学和科研，由于还在实习阶段，有时也会在办公室值班，帮忙处理些行政事务"。关于实验情境的详细描述参见附录 3。

（五）反应变量的测量

1. 实验操作的操作检验

互动公平的操作检验同研究一和实验四，共 2 道题目。量表具有较好的信度,$\alpha$ 系数为 0.985。

领导原型化的操作检验采用实验四中测量领导原型化的问卷题目,并在此基础上增加了 2 个条目,共 4 个题目。这 4 道题目改编自过去关于领导原型化的研究(Eisenberger et al. , 2010;Platow,Van Knippenberg,2001):"本次谈话中,我认为团委书记(值班老师)的行为代表了学院的行为","我认为团委书记(值班老师)是学院的代表","我认为团委书记(值班老师)能够代表学院"和"我认为团委书记(值班老师)能够代表学院的老师"。其中,"团委书记"一词用于高原型化实验条件的操作检验,"值班老师"一词用于低原型化实验条件的操作检验。题目采用李克特七点量表计分(1—非常不同意;7—非常同意)。量表具有较好的信度,$\alpha$ 系数为 0.810。

2.组织认同量表

组织认同量表与研究一所用条目相同,共 4 道题目。量表具有较好的信度,$\alpha$ 系数为 0.775。

3.对组织的组织公民行为(OCBO)量表

OCBO 量表与研究一所用条目相同,共 2 道题目。量表具有较好的信度,$\alpha$ 系数为 0.746。

三、研究结果

(一)实验的操作检验

采用 2(互动公平,公平 vs. 不公平)×2(领导原型化,高 vs. 低)方差分析对实验操作进行检验,因变量为互动公平和领导原型化的操作检验条目。对互动公平的操作检验发现,互动公平的主效应显著,$F(1,198)=3.213E3$,$p<0.001$,说明实验操作是有效的。相对于互动不公平情境($M=1.573$),在互动公平情境下,被试报告了更多的公平体验($M=6.566$)。领导原型化的实验操作对互动公平体验无显著影响,$F(1,198)=1.790$,$p=0.183$;互动公平和领导原型化的交互作用也对互动公平体验无显著影响,$F(1,198)=0.088$,$p=0.767$。对领导原型化的操作检验发现,领导原型化的主效应显著,$F(1,198)=22.246$,$p<0.001$,说明实验操作是有效的。相对于低原型化情境($M=3.497$),在高原型化情境下,被试报告了更多的领导

原型化知觉($M=4.149$)。互动公平对领导原型化体验影响也显著,$F(1,198)=45.574$,$p<0.001$,这和过去的研究和实验操作检验结论(Lipponen et al.，2005；Platow，Van Knippenberg，2001；Ullrich et al.，2009)是一致的,即公平的领导更有可能被知觉为原型化的领导。尽管如此,领导原型化和互动公平的交互作用对原型化知觉影响不显著,$F(1,198)=0.070$,$p=0.792$。

(二)人口统计学控制变量

人口统计学控制变量为年龄和性别。对分类变量性别做哑变量处理(1=女性;0=男性)。通过相关分析发现,年龄和组织认同($r=-0.073$，$p=0.300$)以及OCBO($r=0.030$，$p=0.668$)的关系均不显著,性别和组织认同($r=0.063$，$p=0.373$)以及OCBO($r=0.115$，$p=0.104$)的关系均不显著。由于人口统计学变量对组织认同和OCBO的影响均不显著,就不再纳入下面的分析。

(三)领导原型化在互动公平和结果变量(组织认同和OCBO)之间的调节效应

由于领导原型化和互动公平都是经过实验操作,属分类变量,温忠麟等(2005)建议这种情况下适合采用方差分析。采用2(互动公平,公平 vs. 不公平)×2(领导原型化,高 vs. 低)方差分析,因变量为组织认同和OCBO。

首先以组织认同为因变量进行方差分析。互动公平的主效应显著,$F(1,198)=16.556$，$p<0.001$。领导原型化的主效应不显著,$F(1,198)=0.268$,$p=0.605$。互动公平和领导原型化的交互作用显著,$F(1,198)=3.917$,$p=0.049<0.05$。进一步对互动公平和领导原型化的交互作用对组织认同的简单效应进行分析,发现,当领导原型化高时,互动公平对组织认同的影响显著,$F(1,198)=20.520$,$p<0.001$。在这种条件(高领导原型化)下,互动公平情境下的被试组织认同水平($M=5.486$)显著地高于互动不公平情境下的被试($M=4.693$)。当领导原型化程度低时,互动公平对组织认同没有显著的影响,$F(1,198)=1.85$,$p=0.176$。互动公平和领导原型化的交互作用对组织认同的影响见图5.4。

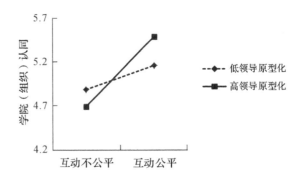

图 5.4　领导原型化在互动公平和学院(组织)认同间的调节作用

再以 OCBO 为因变量进行方差分析。互动公平的主效应不显著,$F(1,198)=1.989,p=0.160$。领导原型化的主效应不显著,$F(1,198)=0.387$,$p=0.534$。互动公平和领导原型化的交互作用显著,$F(1,198)=3.945,p=0.048<0.05$。进一步对互动公平和领导原型化的交互作用对 OCBO 的简单效应进行分析,发现,当领导原型化高时,互动公平对 OCBO 的影响显著,$F(1,198)=6.55,p<0.05$。在这种条件(高领导原型化)下,互动公平情境下的被试 OCBO 水平($M=5.815$)显著地高于互动不公平情境下的被试($M=5.342$)。当领导原型化程度低时,互动公平对 OCBO 没有显著的影响,$F(1,198)=0.10,p=0.747$。互动公平和领导原型化的交互作用对 OCBO 的影响见图 5.5。

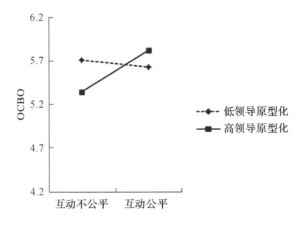

图 5.5　领导原型化在互动公平和 OCBO 间的调节作用

（四）组织认同在互动公平和领导原型化的交互作用和 OCBO 之间的中介效应

　　如前所述,温忠麟等（2006）认为对有中介的调节变量的检验包括三个步骤。前面分别发现了领导原型化在互动公平和 OCBO（温忠麟等建议的第一步）以及组织认同（温忠麟等建议的第二步）之间的调节作用。现在只需要进行第三步的检验,即同时检验互动公平、领导原型化、互动公平和领导原型化的交互作用、组织认同对 OCBO 的影响。如果这时组织认同对 OCBO 影响显著,则其在互动公平和领导原型化的交互作用和 OCBO 之间起中介效应。并且,如果这时互动公平和领导原型化的交互作用对 OCBO 的影响变得不显著,则组织认同在它们之间发挥的是完全中介作用。

　　由于研究采用的自变量和调节变量均是分类变量,按温忠麟等（2005）的建议,在进行调节作用分析时本研究采用协方差分析。由于有中介的调节效应也涉及调节变量的检验,因此,在检验中介作用时采用协方差分析的方法[①]。虽然当前对中介作用的检验大都采用回归分析的方法,但是在本质上,协方差分析和回归分析是一致的。Baron 和 Kenny（1986）在提出有中介的调节效应时用的也是实验操作的两个自变量和方差分析的方法来举例说明。在公平领域,De Cremer 等（2005）在其第一个研究中也采用了协方差分析的方法分析关系认同在实验操作的分类变量和结果变量之间的中介效应。

　　以互动公平和领导原型化为自变量,组织认同为控制变量（协变量）,OCBO 为因变量进行协方差分析。在进行协方差分析前需要检验自变量（互动公平和领导原型化）和协变量（组织认同）的交互作用是否对 OCBO 影响显著（张文彤,2004）,当二者的交互作用对 OCBO 影响不显著,才能进行协方差分析。通过回归分析同时检验互动公平（做哑变量处理并中心化处

---

　　①　笔者也尝试了采用回归分析的方法,得到和正文中采用协方差分析一致的结果。将相关变量中心化后,同时检验互动公平、领导原型化、互动公平和领导原型化的交互作用、组织认同对 OCBO 的影响。发现组织认同对 OCBO 影响显著（$\beta = 13.306, p < 0.001$）,但互动公平和领导原型化的交互作用对 OCBO 影响不显著（$\beta = 1.447, p = 0.150$）。说明组织认同起完全中介作用。

理)、组织认同(中心化处理)以及二者的交互作用对 OCBO 的影响,发现互动公平和组织认同的交互作用对 OCBO 的影响并不显著($\beta = 0.065, p = 0.219$)。同样,通过回归分析同时检验领导原型化(做哑变量处理并中心化处理)、组织认同(中心化处理)以及二者的交互作用对 OCBO 的影响,发现领导原型化和组织认同的交互作用对 OCBO 的影响并不显著($\beta = 0.025, p = 0.631$)。说明可以进行协方差分析。

以互动公平和领导原型化为自变量,组织认同为控制变量,OCBO 为因变量进行协方差分析。互动公平对 OCBO 影响边缘显著,$F(1,197) = 3.149, p = 0.078$。领导原型化的主效应不显著,$F(1,197) = 1.757, p = 0.187$。组织认同对 OCBO 的影响(即中介效应)显著,$F(1,197) = 169.693, p < 0.001$。并且,互动公平和领导原型化的交互作用对 OCBO 影响不显著,$F(1,197) = 0.744, p = 0.390$,说明组织认同在互动公平和领导原型化的交互作用和 OCBO 之间发挥的是完全中介效应。

**四、讨论**

实验五在实验四的基础上通过进一步对领导原型化进行实验操作,对互动公平影响组织认同的机制以及组织认同对互动公平的中介机制进行了深入探索,从纵向深化了群体卷入模型的"社会认同中介效应假设"。

实验五重复了实验四的研究结果,结论如下:(1)领导原型化在互动公平和组织认同之间起调节效应。(2)领导原型化在互动公平和 OCBO 之间起调节效应。(3)领导原型化在互动公平和 OCBO 之间的调节效应受到组织认同的完全中介作用。

## 第八节 研究二的讨论

研究二的目的在于整合群体卷入模型和代理人—系统模型不一致的地方。其出发点是经典群体卷入模型的"社会认同中介效应假设"并对其从纵向进行深入研究。研究二通过两个实验(实验四和实验五),检验了互动公平对群体性质的结果变量(包括组织认同和 OCBO)产生影响的中间机制,即领导原型化的调节作用。并且,进一步检验了领导原型化在互动公平和对组织的组织公民行为之间的调节效应是否经过组织认同中介。研究二也是对本书的第一个核心思想"人际关系性质的变量和群体性质的变量的差异"的拓展。人际关系性质的变量和群体性质的变量存在差异,二者在一定条件下是可以转换的,而领导原型化就是起着转换作用的心理机制。这说明,在领导原型化低的条件下,代理人—系统模型的论述是成立的。而在领导原型化高的条件下,人际关系性质的知觉已经转化为群体性质的知觉,代理人—系统模型对互动公平的预测就不再适用。

研究二通过两个不同的实验,采用不同的实验操作方法对假设进行了检验,得到了一致的结论,研究二的假设 H1、H2 和 H3 均得到了支持。

## 一、领导原型化在互动公平和群体性质的结果变量(组织认同和 OCBO)之间的调节作用

研究二发现了领导原型化在互动公平和群体性质的结果变量之间的调节作用。这和过去的研究或论述是一致的(Eisenberger et al., 2010; Janson et al., 2008; Lipponen et al., 2005; Seppala et al., 2012),即当领导原型化程度高时(领导是组织的代表),成员会将领导对自己的态度和行为(互动公平)视为组织对自己的态度和行为,从而根据与领导的关系来决定自己对群体的反应。这种情况下,互动公平就可以影响群体性质的结果变量(组织认同和 OCBO)。相反,当领导原型化程度低时(领导不能代表组织)时,领导与成员的关系保持在个人与个人的关系层面,成员不会根据领导对自己的态度来决定对组织的反应。因此,这种情况下,互动公平就不能够影响群体性质的结果变量。

### (一)领导原型化在互动公平和组织认同之间的调节作用

领导原型化在互动公平和组织认同之间的调节作用,说明了互动公平对社会认同的影响还受到领导者本身的特征(领导原型化)的调节。该结论从纵向深化了群体卷入模型,也是对过去类似研究的一个推进。Lipponen 等将领导原型化作为一个独立的因素加以研究,发现了领导原型化在互动公平和体验到的尊敬感之间的调节作用。然而,他们并未对组织认同进行

独立的研究,未对互动公平和领导原型化进行实验操作,难以做出因果关系的推论。研究二在 Lipponen 等(2005)的研究基础上,通过实验操作互动公平和领导原型化对组织认同的影响,更精确地说明了领导者本身的特征在互动公平过程中的作用,说明了组织认同在互动公平的情境中的形成机制。

（二）人际关系（互动公平）知觉向群体知觉的转换

组织认同和 OCBO 是两个不同类型的群体性质的结果变量。前者是社会自我的一种类型,后者是对组织的态度（行为倾向性）。领导原型化在互动公平和这两个群体不同性质的结果变量之间均起到调节作用,说明基于人际关系的知觉互动公平是可以向对群体的知觉转换的（至少在本研究情境中）。这是对本书的第一个核心思想"人际关系性质的变量和群体性质的变量的差异"的一个推进,即人际关系性质的变量和群体性质的变量存在差异,在一定条件下,二者可以转换。

（三）对代理人—系统模型研究的贡献

研究二的研究结论解释了过去的研究中与代理人—系统模型不一致的地方。过去公平领域的研究并不完全支持代理人—系统模型的关于互动公平仅影响人际关系性质的结果变量但不影响群体性质的结果变量的观点(Colquitt et al.，2001；Rupp,Cropanzano,2002；皮永华,2006)。群体卷入模型（包括本书的研究一得到的结论）也不完全支持代理人—系统模型的这一观点。研究二通过引入中间变量（领导原型化）,说明代理人—系统模型是有条件限制的,而公平的执行者的自身特征（领导原型化）就是这样一种情境条件。因此,今后代理人—系统模型的研究在考虑公平对结果变量的影响的时候,要更多地考虑情境因素（例如领导原型化）的作用。

二、组织认同对领导原型化在互动公平和 OCBO 之间的调节作用的中介效应

研究二进一步发现了组织认同对领导原型化在互动公平和 OCBO 之间的调节作用起着完全的中介效应（或组织认同在领导原型化和互动公平的交互作用和 OCBO 之间起着完全中介效应）。这说明,当领导原型化程度高

时,互动公平对 OCBO 的影响完全是通过组织认同传递的。研究的结论进一步深化了经典群体卷入模型的"社会认同中介效应假设"。

### 三、研究二结论

研究二从纵向对经典群体卷入模型的"社会认同假设"进行了拓展,通过独立研究互动公平,引入领导原型化,研究发现:(1)互动公平对组织认同的影响受到领导原型化的调节。只有当领导者能够代表组织时(领导原型化程度较高),互动公平才会影响组织认同。(2)互动公平对 OCBO 的影响受到领导原型化的调节。只有当领导者能够代表组织时,互动公平才会影响 OCBO。(3)组织认同对领导原型化在互动公平和 OCBO 之间的调节作用起着完全的中介效应。当领导原型化程度高时,互动公平对 OCBO 的影响完全是通过组织认同传递的。

# 第六章　研究总讨论

　　本书从自我概念(自我建构、关系认同和组织认同)的视角开展互动公平研究。研究的直接目的是通过对已有的群体卷入模型(经典群体卷入模型)进行修正,构建基于互动公平的群体卷入模型,了解互动公平对积极组织行为影响的机制。在群体卷入模型的"社会认同中介效应"这一核心假设的基础上,本书从横向精确化了社会自我在互动公平和不同类型的结果变量之间的中介机制(研究一),从纵向深化了互动公平对组织认同的影响机制,探索了领导原型化在其中的调节作用(研究二)。

## 第一节　研究的总结果

　　综合研究一和研究二的结论,本书得到了基于互动公平的群体卷入模型,阐述了互动公平对于积极组织行为的作用过程和机制,实现了研究的直接目的,见图 6.1。

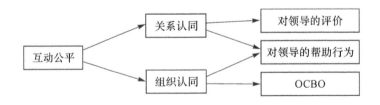

图 6.1　基于互动公平的群体卷入模型

## 第二节　研究的理论贡献

本书的研究问题始于对群体卷入模型的不足的思考(详细内容见前面问题提出部分)。经过相关领域的文献阅读,笔者抽取出了这些领域的一些共同的观点,形成了本研究的两个核心思想。在这两个思想指引下,形成了理论和概念的建构,并由此提出假设、开展研究、得出结论。构建基于互动公平对于积极组织行为影响路径的过程,也是对相关领域的理论和研究进行总结、提炼和整合的过程。在此过程中,本研究在基础的理论层面上,也对相关领域做出了贡献。

### 一、研究的两个核心思想

#### (一)人际关系性质的变量和群体性质的变量的差异

本书研究的第一个核心思想是"人际关系性质的变量和群体性质的变量的差异"。该思想来源于对代理人—系统模型、自我建构领域、群体卷入模型研究领域中的文献的相似观点的提取和总结(详细内容见前面研究核心思想部分)。它的基本命题是"人际关系属性的变量和群体属性的变量通常是独立的结构"和"人际关系属性的变量和群体属性的变量具有不同的效应"。具体到本书,人际关系性质的变量包括互动公平、关系自我、关系认同、领导成员交换、对领导的评价和对领导的帮助行为,群体关系性质的变量包括群体自我、组织认同和对组织的组织公民行为。该思想指导了本书研究的进行。

基于该思想和相关领域的研究成果,研究一提出了"社会自我"的理论概念,并以此为基础提出了互动公平对关系自我和群体自我有不同效应的假设,提出了对各类型的社会自我的中介效应检验的机制(理论命题)。

在研究二,我们对该思想做了进一步的推进,发现了领导原型化在互动公平和群体性质的变量之间的调节作用,从而认为人际关系性质的变量和群体性质的变量存在差异,在一定条件下,二者是可以转换的(至少在我们的研究情境中)。

（二）自我概念的不同表征水平（一般抽象化 vs. 具体情境化）的差异

本书研究的第二个核心思想是"自我概念的不同表征水平（一般抽象化 vs. 具体情境化）的差异"。该思想来源于对自我建构领域、认同领域（包括组织认同和关系认同）以及对相近的依恋领域的相似观点的提取和总结（详细见前面研究核心思想部分）。具体到本书，情境化的变量包括互动公平、领导成员交换、关系认同、组织认同、对领导的评价、对领导的帮助行为和对组织的组织公民行为。

该思想指导了研究一的进行，基于该思想，研究一提出了"社会自我"的概念，并以此为基础提出了对不同类型的中介变量（社会自我）的效应进行强弱程度比较的机制（理论命题）。

## 二、理论和概念的构建

研究一和研究二根据上述两个核心思想，提出了相关的理论和概念，前面研究核心思想和理论构思部分已有详细的论述，现结合研究的结果对其总结。

（一）"社会自我"概念

"社会自我"概念的提出改进了当今自我概念领域关于社会自我的定义比较混淆的情况（Cooper，Thatcher，2010），并从理论概念上整合了群体卷入模型框架下的相关研究。相关内容本书在研究一的讨论中已有深入论述，这里就不再进一步展开。

（二）社会自我中介效应的机制

本书从两个方面对社会自我中介效应的机制（理论命题）进行了说明，即各类型社会自我的中介效应机制以及各类型社会自我的中介效应大小的比较机制。社会自我中介效应的机制的提出，弥补了经典群体卷入模型的"社会认同中介效应假设"（Tyler et al.，2003）的不足。"社会认同中介效应假设"是在单一变量（社会或组织认同）的中介效应基础上提出的。而当前群体卷入模型框架内的研究存在多种类型的社会自我（包括自我建构、关系认同和组织认同）作为中介变量的使用情况（De Cremer et al.，2005；

Johnson et al.，2010；Olkkonen et al.，2006)，但是这些研究缺乏对这些不同类型的社会自我的中介机制的理论说明(详细内容见前面"过去研究的不足和问题"部分)。而经典群体卷入模型基于单一变量(组织认同)的"社会认同中介效应假设"无法整合这些不同类型的研究。本书从理论上定义了"社会自我"，并且对不同类型的社会自我的中介作用的检验、中介效应强弱程度的比较从理论和机制上进行了说明。这是对经典群体卷入模型"社会认同中介效应假设"的精细化和扩展。相关的详细内容在研究一的讨论中已有深入论述，这里就不再进一步展开。

### 三、对群体卷入模型研究的推进

针对群体卷入模型的研究不足(见前面"过去研究的不足和问题"部分)，基于与该模型有关的基础理论(见"文献综述"部分)、研究提出的核心思想和理论建构，本书精确地定义了互动公平的作用路径和社会自我的概念。围绕群体卷入模型的核心("社会认同中介效应假设")，通过两个研究，对经典群体卷入模型进行了修正，构建了基于互动公平的群体卷入模型。

研究一从横向的角度精确化并扩展了"社会认同中介效应假设"，整合了该模型框架内现有的研究，并从理论和机制上对不同类型的社会自我的中介效应及其强弱程度进行了说明。由于经典群体卷入模型仅对组织认同在"程序公平"和积极的组织行为(自主性的合作行为)之间的中介效应进行了理论说明，因此，在该模型框架内采用的其他类型的社会自我(例如关系自我和关系认同)的中介效应很难用经典群体卷入模型提出的中介机制去解释。研究一通过对"社会自我(包括关系认同、关系自我、组织或群体认同和群体自我)"的理论定义，以及在此基础之上提出的检验社会自我中介效应的两个机制(即各类型社会自我的中介效应机制以及各类型社会自我的中介效应大小的比较机制)整合了群体卷入模型框架内的研究，从理论和机制上说明"社会自我"在互动公平和结果变量之间的中介过程。

研究二在研究一的基础上，从纵向的角度深化了"社会认同中介效应假设"。由于领导在互动公平过程中的重要作用，笔者认为领导原型化是联结成员与领导人际关系(互动公平)和成员对群体反应的纽带。研究二支持了该假设,发现互动公平对组织认同和 OCBO 的影响是通过领导原型化的调节作用而实现的;并且,经典群体卷入模型的"社会认同中介效应假设"在这里进一步得到了支持深化:当领导被视为群体的代表(领导原型化程度高)时,互动公平对 OCBO 的影响,是完全通过组织认同实现的。研究二的结论说明,群体卷入模型的研究,不仅要考虑中介机制,而且也要考虑调节变量的影响。这些得到的结果才更为深入和精确,这是研究二对群体卷入模型研究的推进。

### 四、对其他相关领域研究的推进

群体卷入模型框架下的研究涉及公平和自我概念有关的诸多领域(包括代理人—系统模型、自我建构、组织和关系认同、领导原型化等领域)。在中观层面对基于互动公平的群体卷入模型的构建,反映在基础层面,是对这些不同领域的整合。本书的研究结果也直接对这些领域做出了贡献。

#### (一)对自我建构领域的研究推进

Johnson 和 Lord(2010)首先将自我建构的概念引入群体卷入模型框架。结合自我建构领域的研究进展,本书的研究一在他们的研究基础上进一步将互依自我区分为关系自我和群体自我,并以此定义了自我建构的结构,研究了互动公平对关系自我和群体自我的不同影响,检验了关系自我在互动公平和群体自我之间的主效应。在中国背景下,本书证明了研究所修订的自我建构量表的有效性。并且,本书首次将互动公平作为情境线索引入对自我建构的研究,发现了互动公平对关系自我和群体自我的不同效应。自我建构量表中关系自我和群体自我作为两个独立的结构(验证性因素分析证实),以及互动公平对关系自我和群体自我的不同效应,证明了自我建构领域近年的研究进展,即关于关系自我和群体自我的区分。关系自我和群体自我的区分又进一步为本书提出的"社会自我"理论概念的验证奠定了基础。

#### (二)对代理人—系统模型研究的推进

代理人—系统模型认为互动公平影响人际关系性质的结果变量,但不会影响群体性质的结果变量。这一观点得到了研究的支持。然而,有一部分研究却并不支持这样的观点(Colquitt et al.,2001;Rupp et al.,2002;皮永华,2006)。这些研究发现,互动公平不仅会影响人际关系性质的结果变量,而且也会影响群体性质的结果变量。群体卷入模型的论述以及研究一发现的互动公平对组织认同和OCBO的影响也不支持代理人—系统模型。为何会出现这两种不一致的情况呢?笔者认为可能存在中间变量的影响:领导原型化在其中起着调节作用。研究二发现领导原型化在互动公平和群体性质的变量(组织认同和OCBO)之间的调节作用。这说明代理人—系统模型可能仅适用于领导原型化程度较低的情况,在这种情况下,领导不能代表组织,成员与领导的关系仅为人与人的关系,因此,互动公平不会影响成员对组织的反应(组织认同和OCBO)。今后代理人—系统模型的研究要更多地考虑情境变量的影响。

在过去代理人—系统模型关于中介效应的研究中,领导—成员交换是互动公平和人际关系性质的结果变量之间的一个重要中介变量(Cropanzano et al.,2002;Masterson et al.,2000)。然而,当研究一同时引入社会自我性质的中介变量时,领导—成员交换在互动公平和人际关系性质的结果变量之间的中介作用消失了。这说明社会自我(关系认同)可能是更优先于社会交换(领导—成员交换)的中介变量。在代理人—系统模型内开展中介效应的研究,不仅要考虑社会交换变量的影响,也要考虑社会自我的影响。

（三）对人际关系认同研究的推进

在组织行为学领域,有关关系认同这一人际关系性质的自我概念的研究一直较少(Chang et al.,2011;Sluss et al.,2008;Van Knippenberg et al.,2004)。在群体卷入模型的框架中,仅De Cremer等(2005)对关系认同的中介机制进行了探讨。本书对他们的研究进行了推进,发现了关系认同在互动公平(实验操作)和人际关系性质的结果变量之间起中介作用。今后的研究可以更加关注关系认同在领导和公平领域的研究。由于本书研究中互动公平是通过成员与领导的关系来定义的,因此研究不仅针对在公平领域的关系认知,也为关系认同在领导领域的研究做了推进。本书所构建的基于互动公平的群体卷入模型与 Kark 等所发现的关系认同和组织认同在转换型领导和不同类型(人际关系和群体性质)的结果变量之间的中介模型非常相似,这说明领导行为的作用途径可能有着共同的方式(即通过成员的自我概念对组织行为产生影响),而关系认同则是领导行为产生影响的人际途径(组织认同是领导行为产生影响的群体途径)。

(四)对领导原型化领域研究的推进

过去领导原型化领域的研究发现(或认为)成员与领导的关系可以通过领导原型化这一心理机制转换为成员对组织的态度(Eisenberger et al.,2010;Janson et al.,2008;Lipponen et al.,2005;Seppala et al.,2012)。然而,这些研究并未直接将组织认同作为因变量加以研究。虽然 Sluss 和 Ashforth(2008)在其综述中对组织认同作为因变量进行了论述,但尚无实证研究。由于组织认同在领导行为中的重要作用(Tyler et al.,2003),本书对领导原型化在互动公平和组织认同之间的调节作用进行了直接研究,并发现了和过去研究一致的效应。

此外,过去关于领导原型化领域仅研究了单一的调节效应。本书在群体卷入模型的核心思想("社会认同中介效应假设")的基础上认为,领导对成员对组织的态度(OCBO,行为倾向性)的影响,是通过社会自我(组织认同)发挥中介作用的。本书进行了有中介的调节作用的检验,进一步确定了组织认同对于领导原型化在互动公平和 OCBO 之间的调节效应的中介作用,即在高领导原型化条件下,互动公平对 OCBO 的影响完全通过组织认同中介作用。这说明组织认同在领导公平行为中的核心位置(也印证了群体卷入模型的核心思想)。研究的结果提示今后在对领导原型化进行研究时,不能仅考虑单一的调节作用,领导原型化的作用过程很可能还涉及中介变量的影响。

五、研究方法的创新

本书整合了群体卷入模型框架中的相关研究(De Cremer et al.,2005;Johnson et al.,2010;Olkkonen et al.,2006),对多个可能的中介变量进行了整合检验。这样得到的中介模型更合适、精确,且符合科学研究的吝啬原则(Preacher et al.,2008)。

本书将领导原型化作为调节变量引入互动公平和群体卷入模型研究，进行了调节效应以及有中介的调节效应（温忠麟等，2006）的检验，这也是本研究在方法上对上述领域的创新。

## 第三节　研究的实践意义

当前中国人对"正能量"日益重视，组织管理中也需要更多的"正能量"。本书的研究结果说明，在组织中，互动公平可以为员工传递正能量，促进员工的积极心理和行为。具体而言，本研究对组织管理有如下的实践意义。

第一，本研究发现互动公平对员工的积极心理和行为的影响主要体现在成员与公平执行者（本研究中为领导）的人际关系（对领导的评价和对领导的帮助行为）和组织本身（组织认同和OCBO）两条途径上。这说明互动公平具有双重的积极效用，互动公平的质量高低不局限于对组织中人际关系的影响，它甚至在一定情况下可以影响成员对组织的反应。因此，在组织管理中，不仅要注意分配和决策程序本身的公平，而且还要充分利用好互动公平这一积极因素，这可以在员工的激励过程中起到事半功倍的效果。

第二，本研究发现，当领导能够代表组织（即原型化程度高）时，互动公平可以从人际关系转化为成员对组织的反应。在实际的组织情境中，领导通常是互动公平的实施者，也经常被视为组织的代表。因此，领导对成员的态度至关重要，前面提到的互动公平的双重的积极效用很大程度上是通过领导而实现的。因此，在互动公平的执行中，要特别注意领导者的行为对成员可能产生的影响。

第三，本研究发现互动公平对员工积极心理和行为的影响主要是通过社会自我概念（关系认同和组织认同）的中介作用而实现的。这说明互动公平可以让员工更多地从组织和他人的角度来定义自己，进而更多地考虑组织和他人的利益。因此，在管理实践中，组织管理者可以利用互动公平在更深层次的心理水平（自我概念）来激励员工，而员工也会因此"发自内心"地产生积极的组织行为。

## 第四节　今后的研究方向

第一,本书采用情境实验的方法对群体卷入模型框架下的互动公平进行了一系列研究。尽管在实验情境设置时参考了过去公平研究中类似的情境设计(例如,周浩等,2005)并且尽可能地考虑到了实验与真实情境的切合(例如高校辅导员和学生存在权力上的差异,二者的关系类似于领导和成员的关系),但是实验的外部效度如何,研究的结果如何扩展到真实的组织情境中去,还需要进一步现场研究的支持。以群体卷入模型的核心概念"组织认同"为例,本书的实验材料所激发的"学院(组织)认同"是情境性的认同(situated identification)。虽然它是组织认同的基础形式(elemental level),但是在真实的组织情境中形成的深层次的认同(deep structure identification)可能是与自我概念结合更为密切的组织认同形式,更具有稳定性(Ashforth et al.,2008;Rousseau,1998)。因此,对深层次的认同的研究也更有实践价值。

第二,本书提出的"社会自我"概念的因素结构得到了研究的支持。但考虑到样本的关系(全部为在校大学生),今后的研究还要在不同的样本中进一步验证社会自我概念因素结构的有效性。另外,社会自我的概念基础之一是自我建构(关系自我和群体自我),由于自我建构作为对实验材料的反应变量,本书在对自我建构量表进行修订时,不仅考虑到测量学方面的要求,也考虑到题目要能灵敏地对实验材料做出反应(见实验一)。因此,在对问卷做项目分析和修订时,关系自我分量表删除了一些虽然因素载荷值较高,但是对实验的情境操作反应并不灵敏的项目(详见实验一相关内容)。这可能导致量表本身(相对于现实生活)具有一定的"偏态",即修订后的自我建构量表可能是更适合本研究实验场景的量表。因此,今后的研究可以考虑通过现场研究,在真实的情境中检验本书所修订的自我建构量表(或是直接检验本研究中自我建构的27道题目的初始量表)以及社会自我概念的有效性。

第三,本书发现在互动公平和人际关系性质的结果变量之间,同为人际关系性质和情境化的关系认同和领导—成员交换的中介效应差异显著(关系认同的中介效应大于领导—成员交换的中介效应）。为什么会出现这种情况？本研究还无法从理论上说明，今后的研究需要进一步整合社会交换（领导—成员交换）理论和社会自我概念（关系认同）理论，来解释二者中介效应的差异。

第四，本书发现组织认同在互动公平和对领导的帮助行为（人际关系性质的结果变量）之间的中介效应。这和我们的研究预期是不一致的。可能的原因是对领导的帮助行为的测量题目引发了"群体性质"的知觉（详细内容见研究一讨论），从而增强了组织认同和对领导的帮助行为之间的联系。今后的研究可以考虑设计更加纯粹的人际关系性质的"对领导的帮助行为"题目，检验组织认同在互动公平和对领导的帮助行为之间是否还存在中介效应。

第五，本书提出领导原型化是互动公平转化为组织认同的机制。然而，除了领导原型化，是否还有其他的机制促成互动公平并影响组织认同？群体大小是一个可能的机制，例如 Olkkonen 和 Lipponen 发现互动公平影响对工作群体（小群体）的认同，但不影响对整个组织（大群体）的认同，说明小群体相对大群体更有可能得到认同。另外，群体的大小也与社会知觉的方式有关，小群体可能存在更多的人际交流，因此，对它的知觉是建立在人际关系基础之上，而大群体的知觉则更有可能是建立在组织的符号或群体间的比较之上（Brewer et al. , 2007）。因此，通过人际关系知觉的方式而形成群体（组织）认同更有可能发生在小群体（或基于人际交流形成的）群体中。在本研究中，实验设定的情境是大学的学院（系），它很大程度上可能是经过人际关系知觉而形成的小群体，学生通过与学院的老师打交道形成对学院（系）的直观印象。那么人际关系性质的互动公平是否也能在大群体中（人际互动的程度较小，例如作为一个整体的学校相对于学生来说，就是一个大群体）转化为组织认同呢？这还有待于将来研究的检验。

第六，和代理人—系统模型研究的常见做法一致，本书在研究中对群体卷入模型的结果变量做了区分，区分了人际关系性质的变量和群体性质的变量。由于过去研究中成员对领导的反应是常见的人际关系性质的变量（Cropanzano et al. , 2002；Masterson et al. , 2000），本研究也采用成员对领导的反应(包括对领导的评价和对领导的帮助行为)来定义人际关系性质的变量。然而,人际知觉变量不仅包括对领导的反应,还可能包括对同事的反应。过去研究曾发现互动公平影响成员对同事的组织公民行为(OCBI)这一人际关系性质的结果变量(Colquitt et al.,2001;皮永华,2006)。因此,今后的研究可以考虑引入包括对同事的反应在内的多样化的结果变量。

第七,在研究二中发现了领导原型化在互动公平和群体性质的结果变量(组织认同和OCBO)之间的调节效应,认为领导原型化是人际关系(成员与领导的关系,通过互动公平体现)转化为群体知觉(对组织的反应)的机制。然而,笔者也认为,做这样的推论需要谨慎,目前仅能将其限定在本研究的情境中。因为人际关系不仅包括成员与领导的关系,还包括成员与非领导的关系(例如同事),同时,对组织的反应还包括其他类型的变量(例如组织承诺和对组织的信任等),领导(或群体成员)原型化是否能在这些不同类型的人际关系性质的变量和群体性质的结果变量之间起调节作用呢? 这些还有待于将来的进一步研究。

第八,在研究一中未发现互动不公平对独立自我的影响,未能重复Johnson和Lord(2010)的研究结果。前文已经总结,这可能有两方面的原因:一种可能是本研究关注于单一类型的互动公平的影响,由于互动公平的效应弱于总体公平,因此可能难以激活独立自我。另一种可能是中国文化不鼓励表达独立自我的原因(详细见研究一的讨论)。虽然对互动不公平和独立自我的研究并非本书研究的重点,但是互动不公平和互动公平是一个问题的两个方面,也同样重要。和公平的作用相反,群体成员受到不公平的对待,会激活独立自我,独立自我会进一步影响成员对组织的消极行为(例如报复行为)(Brebels et al.,2008;Johnson et al.,2010)。今后的研究可以考虑进一步整合互动公平和互动不公平的研究,同时从积极(与公平和社会自我有关,例如群体卷入模型的研究)和消极两个角度(与不公平和独立自我有关)进行对比,研究公平的作用过程。对互动不公平和自我概念的关系的研究可以考虑操作总体不公平的影响,以及通过跨文化研究比较互动不公平在不同文化背景下对个体的自我建构(独立自我)的激活情况等(详细见研究一的讨论)。

# 参考文献

柴俊武,赵广志,张泽林,2011.自我概念对两类怀旧广告诉求有效性的影响[J].心理学报,43(3):308—321.

方学梅,2009.基于情绪的公正感研究[D].上海:华东师范大学.

侯杰泰,温忠麟,成子娟,2004.结构方程模型及其应用[M].北京:教育科学出版社.

怀斯曼,2012.正能量[M].李磊,译.长沙:湖南文艺出版社.

刘庆春,2007.组织政治认知的心理作用机制:领导成员交换的缓冲效应和组织认同的中介效应检验[D].杭州:浙江大学.

皮永华,2006.组织公正与组织公民行为、组织报复行为之间关系的研究——基于中国人"大七"人格维度的分析[D].杭州:浙江大学.

田晓明,段锦云,傅强,2010.群体卷入模型:理论背景、内容介绍与未来展望[J].心理科学进展,18(10):1628—1635.

温忠麟,侯杰泰,张雷,2005.调节效应与中介效应的比较和应用[J].心理学报,37(2):268—274.

温忠麟,张雷,侯杰泰,2006.有中介的调节变量和有调节的中介变量[J].心理学报,38(3):448—452.

温忠麟,张雷,侯杰泰,等,2004.中介效应检验程序及其应用[J].心理学报,36(5):614—620.

吴明隆,2010a.结构方程模型:AMOS的操作与应用[M].重庆:重庆大学出版社.

吴明隆,2010b.问卷统计分析实务:SPSS操作与应用[M].重庆:重庆大学出版社.

杨宜音,2008. 关系化还是类别化:中国人"我们"概念形成的社会心理机制探讨[J]. 中国社会科学,29(4):148-159.

杨中芳,2009. 如何理解中国人:文化与个人论文集[G]. 重庆:重庆大学出版社.

周浩,龙立荣,王燕,等,2005. 分配公正、程序公正、互动公正影响效果的差异[J]. 心理学报,37(5):687-693.

张文彤,2004. SPSS 统计分析高级教程[M]. 北京:高等教育出版社.

Ambrose M L,Schminke M,2009. The role of overall justice judgments in organizational justice research:A test of mediation[J]. Journal of applied psychology,94(2):491-500.

Amiot C E,Terry D J,Callan V J,2007. Status,equity and social identification during an intergroup merger:A longitudinal study[J]. British journal of social psychology,46(3):557-577.

Andersen S M,Chen S,2002. The relational self:An interpersonal social-cognitive theory[J]. Psychological review,109(4):619-645.

Aron A,Aron E N,Smollan D,1992. Inclusion of other in the self scale and the structure of interpersonal closeness[J]. Journal of personality and social psychology,63(4):596-612.

Aron A,Mclaughin-Volpe T,Mashek D,et al. 2004. Including others in the self[J]. European review of social psychology,15(1):101-132.

Ashforth B E,Harrison S H,Corley K G,2008. Identification in organizations:An examination of four fundamental questions [J]. Journal of management,34(3):325-374.

Ashforth B E,Mael F,1989. Social identity theory and the organization [J]. Academy of management review,14(1):20-39.

Baldwin M W,Keelan J P R,Fehr B,Enns,V,et al.,1996. Social cognitive conceptualization of attachment styles:Availability and accessibility effects[J]. Journal of personality and social psychology,

71(1): 94-109.

Baron R M, Kenny D A, 1986. The moderator-mediator variable distinction in social psychological research: Conceptual, strategic, and statistical considerations [J]. Journal of personality and social psychology, 51(6): 1173-1182.

Bartholomew K, Horowitz L M, 1991. Attachment styles among young adults: A test of a four-category model[J]. Journal of personality and social psychology, 61(2): 226-244.

Blau p M, 1964. Exchange and power in social life [M]. New York: Wiley.

Bies R J, Moag J F, 1986. Interactional justice: Communication criteria of fairness[G]// Lewicki R J, Sheppard B H, Bazerman H. Research on negotiations in organizations. Greenwich, CT: JAI Press: 43-55.

Blader S L, Tyler T R, 2009. Testing and extending the group engagement model: Linkages between social identity, procedural justice, economic outcomes, and extrarole behavior[J]. Journal of applied psychology, 94(2): 445-464.

Brebels L, De Cremer D, Sedikides C, 2008. Retaliation as a response to procedural unfairness: A self-regulatory approach [J]. Journal of personality and social psychology, 95(6): 1511-1525.

Brewer M B, Chen Y, 2007. Where (who) are collectives in collectivism? Toward conceptual clarification of individualism and collectivism[J]. Psychological review, 114(1): 133-151.

Brewer M B, Gardner W, 1996. Who is this "we"? Levels of collective identity and self-representations[J]. Journal of personality and social psychology, 71(1): 83-93.

Brewer M B, Roccas S, 2001. Individual values, social identity, and optimal distinctiveness[G]//Sedikides C, Brewer M. Individual self, relational self, collective self. Philadelphia: Psychology Press.

Brown R, 2000. Social identity theory: Past achievements, current problems and future challenges [J]. European journal of social psychology, 3(6): 745-778.

Chang C H, Johnson R E, 2011. Not all leader-member exchanges are created equal: Importance of leader relational identity[J]. Leadership quarterly, 21(5): 796-808.

Chen S, Boucher H C, Tapias M P, 2006. The relational self revealed: Integrative conceptualization and implications for interpersonal life[J]. Psychological bulletin, 132(2): 151-179.

Cohen J, Cohen P, West S, et al. 2003. Applied multiple regression/ correlation analysis for the behavioral sciences, 3rd Ed[M]. Hillsdale, NJ: Lawrence Erlbaum Associates.

Collins N L, Allard L M, 2003. Cognitive representations of attachment: The content and function of working models [G]//Garth J O, Fletcher, Margaret S Clark. Blackwell handbook of social psychology: Interpersonal processes. Oxford: Blackwell Publishers Ltd: 60-85.

Collins N L, Read S J, 1994. Cognitive representations of adult attachment: The structure and function of working models [G]// Bartholomew K, Perlman D. Advances in personal relationships: Vol. 5. Attachment processes in adulthood. London, England: Jessica-Kingsley: 53-90.

Colquitt J A, 2001. On the dimensionality of organizational justice: A construct validation of a measure[J]. Journal of applied psychology, 86(3): 386-400.

Colquitt J A, Conlon D E, Wesson M J, et al. 2001. Justice at the millennium: A meta-analytic review of 25 years of organizational justice research[J]. Journal of applied psychology, 86(3): 425-445.

Cooley C H, 1902. Human nature and social order [M]. New York: Scribner.

Cropanzano R, Prehar C A, Chen P Y, 2002. Using social exchange theory to distinguish procedural from interactional justice[J]. Group and organization management, 27(3): 324-351.

Cross S E, Hardin E E, Gercek-swing B, 2011. The what, how, why, and where of self-construal[J]. Personality and social psychology review, 15(2): 142-179.

Cross S E, Madson L, 1997. Models of the self: Self-construals and gender [J]. Psychological bulletin, 122(1): 5-37.

Cross S E, Bacon P L, Morris M L, 2000. The relational-interdependent self-construal and relationships[J]. Journal of personality and social psychology, 78(4): 791-808.

Cross S E, Morris M L, Gore J S, 2002. Thinking about oneself and others: The relational-interdependent self-construal and social cognition[J]. Journal of personality and social psychology, 82(3): 399-418.

Cooper D, Thatcher S M B, 2010. Identification in organizations: The role of self-concept orientations and identification motives[J]. Academy of management review, 35(4): 516-538.

Doosje B, Ellemers N, Spears R, 1995. Perceived intragroup variability as a function of group status and identification [J]. Journal of experimental social psychology, 31(5): 410-436.

De Cremer D, Tyler T R, Den Ouden N, 2005. Managing cooperation via procedural fairness: The mediating influence of self-other merging[J]. Journal of economic psychology, 26(3): 393-406.

De Cremer D, Van Dijke M, Brebels L, et al. 2008. Motivation to cooperate in organisations: The case of prototypical leadership and procedural fairness[J]. Psychologica belgica, 48(2-3): 157-175.

Ellemers N, Kortekaas P, Ouwerkerk J W, 1999. Self-categorisation, commitment to the group and group self-esteem as related but distinct aspects of social identity[J]. European journal of social psychology, 29 (2-3):371-389.

Eisenberger R, Karagonlar G, Stinglhamber F, et al. 2010. Leader-member exchange and affective organizational commitment: The contribution of supervisor's organizational embodiment[J]. Journal of applied psychology, 95(6):1085-1103.

Fabrigar L R, Wegener D T, Maecallum R C, 1999. Evaluating the use of exploratory factor analysis in psychological research[J]. Psychological methods, 4(3):272-299.

Fuller J B, Hester K, Barnett T, et al. 2006. Perceived external prestige and internal respect: New insights into the organizational identification process[J]. Human relations, 59(6): 815-846.

Gabriel S, Gardner W L, 1999. Are there "his" and "hers" types of interdependence? The implications of gender differences in collective versus relational interdependence for affect, behavior, and cognition [J]. Journal of personality and social psychology, 77(3): 642-655.

Gerstner C R, Day D V, 1997. Meta-analytic review of leader-member exchange theory: Correlates and construct issues [J]. Journal of applied psychology, 82(6): 827-844.

Gore J S, Cross S E, 2006. Pursuing goals for us: Relationally autonomous reasons in long-term goal pursuit [J]. Journal of personality and social psychology, 90(5): 848-861.

Gore J S, Cross S E, Kanagawa C, 2009. Acting in our interests: Relational self-construal and goal motivation across cultures [J]. Motivation and emotion, 33(1): 75-87.

Hardie E A, 2009. Development and validation of the brief relational, individual and collective (brief RIC) self-aspects scale [J]. Asian journal of social psychology, 12(1): 63-69.

Hogg M A, 2001. A social identity theory of leadership[J]. Personality and social psychology review，5(3):184-200.

Hogg M A, Abrams D, 1988. Social identifications: A social psychology of intergroup relations and group process[M]. London: Routledge.

Hogg M A, Abrams D, Otten S, et al. 2004. The social identity perspective: Intergroup relations, self-conception, and small groups [J]. Small group research，35(3):246-276.

Hogg M A, Van Knippenberg D, Rast D E, 2012. Intergroup leadership in organizations: Leading across group and organizational boundaries[J]. Academy of management review，37(2):232-255.

Hui H C, 1988. Measurement of individualism-collectivism[J]. Journal of research in personality，22(1):17-36.

Janson A, Levy L, Sitkin S B, et al. 2008. Fairness and other leadership heuristics: A four-nation study[J]. European journal of work and organizational psychology，17(2):251-272.

Johnson, R. E., Chang, C. H., Rosen, C. C. (2010). "Who I am depends on how fairly I'm treated": Effects of justice on self-identity and regulatory focus[J]. Journal of applied social psychology，40(12): 3020-3058.

Johnson R E, Selenta C, Lord R G, 2006. When organizational justice and the self-concept meet: Consequences for the organization and its members[J]. Organizational behavior and human decision processes，99(2):175-201.

Johnson R E, Lord R G, 2010. Implicit effects of justice on self-identity [J]. Journal of applied psychology，95(4):681-695.

Kark R, Shamir B, Chen G, 2003. The two faces of transformational leadership: Empowerment and dependency[J]. Journal of applied psychology，88(2):246-255.

Kashima E S, Hardie E A, 2000. The development and validation of the relational, individual, and collective self-aspects (RIC) scale[J].

Asian journal of social psychology，3(1):19-48.

Kashima Y，Yamaguchi S，Kim U，et al.，1995. Culture，gender，and self：A perspective from individualism-collectivism research [J]. Journal of personality and social psychology，69(5):925-937.

Leventhal G S，1980. What should be done with equity theory? New approaches to the study of fairness in social relationships[G]// Gergen K，Greenberg M，Willis R. Social exchange：Advances in theory and research. New York：Plenum Press：27-55.

Leventhal G S，Karuza J，Fry W R，1980. Beyond fairness：A theory of allocation preferences[G]// Mikula G. Justice and social interaction. New York：Springer-Verlag：167-218.

Li H Z，Zhang Z，Bhatt G，et al. 2006. Rethinking culture and self-construal：China as a middle land[J]. Journal of social psychology，146(5)：591-610.

Liden R C，Wayne S J，Stillwell D，1993. A longitudinal study of the early development of leader-member exchange [J]. Journal of applied psychology，78(4)：662-674.

Linardatos L，Lydon J E，2011. Relationship-specific identification and spontaneous relationship maintenance processes [J]. Journal of personality and social psychology，101(4):737-753.

Lind E A，2001. Fairness heuristic theory：Justice judgments as pivotal cognitions in organizational relations[G]// Greenberg J，Cropanzano R. Advances in organizational justice. San Francisco，CA：New Lexington Press：56-88.

Lind E A，Tyler T R，1988. The social psychology of procedural justice. New York：Plenum Press.

Lipponen J，Koivisto S，Olkkonen M E，2005. Procedural justice and status judgements：The moderating role of leader ingroup prototypicality[J]. Leadership quarterly，16(4)：517-528.

Lipponen J, Olkkonen M-E, Moilanen M, 2004. Perceived procedural justice and employee responses to an organizational merger [J]. European journal of work and organizational psychology, 13 (3): 391-413.

Lord R G, Brown D J, Freiberg S J, 1999. Understanding the dynamics of leadership: The role of follower self-concepts in the leader/follower relationship [ J ]. Organizational behavior and human decision processes, 78(3):167-203.

Mael F A, Ashforth B E, 1992. Alumni and their alma mater: A partial test of the reformulated model of organizational identification [J]. Journal of organizational behavior, 13(2):103-123.

Maddux W W, Brewer M B, 2005. Gender differences in the relational and collective bases for trust[J]. Group processes& intergroup relations, 8(2):159-171.

Madson L, Trafimow D, 2001. Gender comparisons in the private, collective, and allocentric selves. Journal of social psychology, 141 (4):551-559.

Markus H R, Kitayama S, 1991. Culture and the self: Implications for cognition, emotion, and motivation[J]. Psychological review, 98(2): 224-253.

Masterson S S, Lewis K, Goldman B M, et al. 2000. Integrating justice and social exchange: The differing effects of fair procedures and treatment on work relationships[J]. Academy of management journal, 43(4):738-748.

Mead G H, 1934. Mind, self and society: From the standpoint of a social behaviorist[M]. Chicago: University of Chicago Press.

Meyer J P, Becker T E, Van Dick R, 2006. Social identities and commitments at work: Toward an integrative model[J]. Journal of organizational behavior, 27(4):665-683.

Olkkonen M E，Lipponen J，2006. Relationships between organizational justice，identification with organization and work unit，and group-related outcomes[J]. Organizational behavior and human decision processes，100(2):202-215.

Podsakoff P M，Mackenzie S B，Lee J Y，et al. 2003. Common method biases in behavioral research: A critical review of the literature and recommended remedies[J]. Journal of Applied Psychology，88(5): 879-903.

Podsakoff P M，Mackenzie S B，Paine J B，et al. 1990. Transformational leader behaviors and their effects on followers' trust in leader，satisfaction，and organizational citizenship behaviors[J]. Leadership quarterly，1(2):107-142.

Preacher K J，Hayes A F，2004. SPSS and SAS procedures for estimating indirect effects in simple mediation models[J]. Behavior research methods，instruments，& computers，36(4):717-731.

Preacher K J，Hayes A F，2008. Asymptotic and resampling strategies for assessing and comparing indirect effects in multiple mediator models [J]. Behavior research methods，40(3):879-891.

Robbins J M，Ford M T，Tetrick L E，2012. Perceived unfairness and employee health: A meta-analytic integration[J]. Journal of applied psychology，97(2):235-272.

Rousseau D M，1998. Why workers still identify with organizations[J]. Journal of organizational behavior，19(3):217-233.

Rupp D E，Cropanzano R，2002. The mediating effects of social exchange relationships in predicting workplace outcomes from multifoci organizational justice[J]. Organizational behavior and human decision processes，89(3):925-946.

Scandura T A，Graen G B，1984. Moderating effects of initial leader-member exchange status on the effects of a leadership intervention[J].

Journal of applied psychology, 69(3):428-436.

Sedikides C, Hart C M, De Cremer D, 2008. The self in procedural fairness[J]. Social and personality psychology compass, 2 (6): 2107-2124.

Seligman M, Csikszentmihalyi M, 2000. Positive psychology: An introduction[J]. American psychologist,55(1):5-14.

Seppala T, Lipponen J, Pirttila-Backman A M, 2012. Leader fairness and employees' trust in coworkers: The moderating role of leader group prototypicality[J]. Group dynamics-theory research and practice, 16 (1):35-48.

Shamir B, Zakay E, Breinin E, et al. 1998. Correlates of charismatic leader behavior in military units: Subordinates' attitudes, unit characteristics, and superiors' appraisals of leader performance[J]. Academy of management journal, 41(4),387-409.

Singelis T M, 1994. The measurement of independent and interdependent self-construals[J]. Personality and social psychology bulletin, 20(5): 580-591.

Singelis T M, Triandis H C, Bhawuk D, et al. 1995. Horizontal and vertical dimensions of individualism and collectivism: A theoretical and measurement refinement[J]. Cross-cultural research, 29(3):240-275.

Smidts A, Pruyn A T H, Van Riel C B M, 2001. The impact of employee communication and perceived external prestige on organizational identification[J]. Academy of management journal, 44(5):1051-106.

Smith E R, Murphy J, Coats S, 1999. Attachment to groups: Theory and measurement[J]. Journal of personality and social psychology, 77(1): 94-110.

Smith H J, Tyler T R, 1996. Justice and power: When will justice concerns encourage the advantages to support policies which redistribute economic resources and the disadvantaged to willingly obey the law[J]? European journal of social psychology, 26(2): 171-200.

Smith H J, Tyler T R, Huo Y J, et al. 1998. The self-relevant implications of the group-value model: Group membership, self-worth, and treatment quality[J]. Journal of experimental social psychology, 34(5):470-493.

Sluss D M, Ashforth B E, 2007. Relational identity and identification: Defining ourselves through work relationships[J]. Academy of management review, 32(1):9-32.

Sluss D M, Ashforth B E, 2008. How relational and organizational identification converge: Processes and conditions[J]. Organization science, 19(6):807-823.

Thibaut J, Walker L, 1975. Procedural justice: A psychological analysis [M]. Hillsdale, NJ: Erlbaum.

Triandis H C, Gelfand M J, 1998. Converging measurement of horizontal and vertical individualism and collectivism[J]. Journal of personality and social psychology, 74(1):118-128.

Triandis H C, Mcclusker C, Hui H C, 1990. Multimethod probes of individualism and collectivism[J]. Journal of personality and social psychology, 59(5):1006-1020.

Trafimow D, Triandis H C, Goto S G, 1991. Some tests of the distinction between the private self and the collective self[J]. Journal of personality and social psychology, 60(5):649-655.

Turner J C, Hogg M, Oakes P, et al. 1987. Rediscovering the social group: A self-categorization theory[M]. Oxford, England: Basil Blackwell.

Tyler T R, Blader S L, 2003. The group engagement model: Procedural justice, social identity, and cooperative behavior[J]. Personality and social psychology review, 7(4):349-361.

Tyler T R，Lind E A，1992. A relational model of authority in groups[J]. Advances in experimental social psychology，25，115-191.

Van Den Bos K，2005. What is responsible for the fair process effect? [G]// Greenberg J，Colquitt J A. Handbook of organizational justice. Mahwah，NJ：Erlbaum：273-300.

Van Leeuwen E，Van Knippenberg D，Ellemers N，2003. Continuing and changing group identities：The effects of merging on social identification and ingroup bias[J]. Personality and social psychology bulletin，29(6)：679-690.

Van Knippenberg D，2011. Embodying who we are：Leader group prototypicality and leadership effectiveness［J］. The leadership quarterly，22(6)：1078-1091.

Van Knippenberg D，Van Knippenberg B，De Cremer D，et al. 2004. Leadership，self，and identity：A review and research agenda[J]. Leadership quarterly，15(6)：825-856.

Van Knippenberg B，Van Knippenberg D，2003. Leadership，identity and influence：Relational concerns in the use of influence tactics[G]// Van Knippenberg D，Hogg M A. Leadership and power：Identity processes in groups and organizations. London：Sage：123-137.

Walumbwa F O，Cropanzano R，Hartnell C A，2009. Organizational justice，voluntary learning behavior，and job performance：A test of the mediating effects of identification and leader-member exchange[J]. Journal of organizational behavior，30(8)：1103-1126.

Williams L J，Anderson S E，1991. Job satisfaction and organizational commitment as predictors of organizational citizenship and in-role behaviors[J]. Journal of management，17(3)：601-617.

Ybarra O，Trafimow D，1998. How priming the private self or collective self affects the relative weights of attitudes and subjective norms[J]. Personality and social psychology bulletin，24(4)：362-370.

Yuki M，2003. Intergroup comparison versus intragroup cooperation：A cross-cultural examination of social identity theory in North American and East Asian cultural contexts[J]. Social psychology quarterly，66 (2)：166-183.

Yuki M，Maddux W W，Brewer M B，et al. 2005. Cross-cultural differences in relationship-and group-based trust[J]. Personality and social psychology bulletin，31(1)：48-62.

# 附　录

## 附录1　互动公平的实验操作材料[①]

### 一、互动公平情境

阅读下面材料,请认真想象文中所描述的场景,然后仔细体会一下你的心理感受。

你所在学院近期正在准备进行学生干部选举制度改革。由于这次改革关系到广大同学的切身利益,学院希望广泛听取同学们的意见,由各专业的辅导员负责搜集整理同学们的意见并上报学院。

关于学生干部选举制度的问题,你一直有很多看法和构想。于是,你决定和你所在专业的辅导员谈谈你的看法。你事先通过电话和辅导员约好了见面时间。

当你按约定时间走进办公室的时候,辅导员立刻放下手中的事情,招呼你坐下,并感谢你对学生工作的参与和关心。辅导员认真地向你解释了学院这次进行学生干部选举制度改革的目的和初步构想,然后开始询问你对学生干部选举制度的看法。在你陈述自己意见的时候,辅导员非常认真地倾听着,看起来对你的意见很感兴趣,并不时地点头,将你的意见记录在笔记本上。你们的谈话进行得很愉快,辅导员表示你的意见很有价值,他会认

---

① 用于实验一、实验二、实验三和实验四。

真考虑。在谈话结束时,他起身将你送到办公室门口,再次表达了对你积极参与学生工作的谢意。

## 二、互动不公平情境

阅读下面材料,请认真想象文中所描述的场景,然后仔细体会一下你的心理感受。

你所在学院近期正在准备进行学生干部选举制度改革。由于这次改革关系到广大同学的切身利益,学院希望广泛听取同学们的意见,由各专业的辅导员负责搜集整理同学们的意见并上报学院。

关于学生干部选举制度的问题,你一直有很多看法和构想。于是,你决定和你所在专业的辅导员谈谈你的看法。你事先通过电话和辅导员约好了见面时间。

当你按约定的时间走进办公室时,辅导员正在对着电脑浏览网页。你向他打招呼,他只是"嗯"了一声,连头也没有抬一下。你只得站在他办公桌旁边,开始耐着性子陈述你对学生干部选举制度的想法。整个谈话好像是你一个人的独白,辅导员只是"嗯""啊"地回应着,看起来好像并不太关心你的建议,大多数时间仍然只盯着电脑屏幕,也没有向你阐述学院关于学生干部选举制度改革的构想。在听了几句后,他开始表现出有些明显的不耐烦,说道:"好吧,我现在有点事情,就到这里吧。"眼看谈话进行不下去了,你只得悻悻地离开。

## 附录 2  领导原型化的预调查[①]

您好:

非常感谢您的参与。

下面是大学的学院(系)里的常见工作人员,请您评价他们能够代表学院的程度。评价标准如下。

---

① 用于实验五。

完全不代表　　　　　　　　　　　　　　　　完全代表
1　　　2　　　3　　　4　　　5

| 行政老师 | 1 | 2 | 3 | 4 | 5 |
|---|---|---|---|---|---|
| 辅导员 | 1 | 2 | 3 | 4 | 5 |
| 学生干部 | 1 | 2 | 3 | 4 | 5 |
| 学院副院长 | 1 | 2 | 3 | 4 | 5 |
| 办公室值班老师 | 1 | 2 | 3 | 4 | 5 |
| 学院院长 | 1 | 2 | 3 | 4 | 5 |
| 负责后勤工作的老师 | 1 | 2 | 3 | 4 | 5 |
| 教学秘书 | 1 | 2 | 3 | 4 | 5 |
| 值班学生 | 1 | 2 | 3 | 4 | 5 |
| 班主任 | 1 | 2 | 3 | 4 | 5 |
| 办公室主任 | 1 | 2 | 3 | 4 | 5 |
| 学院工会老师 | 1 | 2 | 3 | 4 | 5 |
| 学生干事 | 1 | 2 | 3 | 4 | 5 |
| 团委书记 | 1 | 2 | 3 | 4 | 5 |

## 附录3　互动公平和领导原型化的实验操作材料[①]

### 一、互动公平和高领导原型化情境

阅读下面材料,请认真想象文中所描述的场景,然后仔细体会一下你的心理感受。

你所在学院近期正在准备进行学生干部选举制度改革。由于这次改革关系到广大同学的切身利益,学院希望广泛听取同学们的意见,由分管学生工作的学院团委书记在工作日搜集整理同学们的意见并上报学院。团委书记已在学院工作多年,并且一直从事学生工作。

关于学生干部选举制度的问题,你一直有很多看法和构想。于是,你决定

---

① 用于实验五。

和团委书记谈谈你的看法。你事先通过电话和团委书记约好了见面时间。

当你按约定时间走进学院办公室的时候,团委书记立刻放下手中的事情,招呼你坐下,并感谢你对学生工作的参与和关心。团委书记认真地向你解释了学院这次进行学生干部选举制度改革的目的和初步构想,然后开始询问你对学生干部选举制度的看法。在你陈述自己意见的时候,团委书记非常认真地倾听着,看起来对你的意见很感兴趣,并不时地点头,将你的意见记录在笔记本上。你们的谈话进行得很愉快,团委书记表示你的意见很有价值,他会认真考虑。在谈话结束时,他起身将你送到办公室门口,再次表达了对你积极参与学生工作的谢意。

## 二、互动公平和低领导原型化情境

阅读下面材料,请认真想象文中所描述的场景,然后仔细体会一下你的心理感受。

你所在学院近期正在准备进行学生干部选举制度改革。由于这次改革关系到广大同学的切身利益,学院希望广泛听取同学们的意见,一位值班老师会在工作日搜集整理同学们的意见并上报学院。这位值班老师是最近刚毕业参加工作的年轻教师,主要工作是专业课的教学和科研,由于还在实习阶段,有时也会在办公室值班,帮忙处理些行政事务。

关于学生干部选举制度的问题,你一直有很多看法和构想。于是,你决定和值班老师谈谈你的看法。你事先通过电话和值班老师约好了见面时间。

当你按约定时间走进值班老师办公室的时候,他立刻放下手中的事情,招呼你坐下,并感谢你对学生工作的参与和关心。值班老师认真地向你解释了学院这次进行学生干部选举制度改革的目的和初步构想,然后开始询问你对学生干部选举制度的看法。在你陈述自己意见的时候,值班老师非常认真地倾听着,看起来对你的意见很感兴趣,并不时地点头,将你的意见记录在笔记本上。你们的谈话进行得很愉快,值班老师表示你的意见很有价值,他会认真考虑。在谈话结束时,他起身将你送到办公室门口,再次表达了对你积极参与学生工作的谢意。

### 三、互动不公平和高领导原型化情境

阅读下面材料,请认真想象文中所描述的场景,然后仔细体会一下你的心理感受。

你所在学院近期正在准备进行学生干部选举制度改革。由于这次改革关系到广大同学的切身利益,学院希望广泛听取同学们的意见,由分管学生工作的学院团委书记在工作日搜集整理同学们的意见并上报学院。团委书记已在学院工作多年,并且一直从事学生工作。

关于学生干部选举制度的问题,你一直有很多看法和构想。于是,你决定和团委书记谈谈你的看法。你事先通过电话和团委书记约好了见面时间。

当你按约定的时间走进学院办公室时,团委书记正在对着电脑浏览网页。你向他打招呼,他只是"嗯"了一声,连头也没有抬一下。你只得站在他办公桌旁边,开始耐着性子陈述你对学生干部选举制度的想法。整个谈话好像是你一个人的独白,团委书记只是"嗯""啊"地回应着,他看起来好像并不太关心你的建议,大多数时间仍然只盯着电脑屏幕,也没有向你阐述学院关于学生干部选举制度改革的构想。在听了几句后,他开始表现得有些明显地不耐烦,说道:"好吧,我现在有点事情,就到这里吧。"眼看谈话进行不下去了,你只得悻悻地离开。

### 四、互动不公平和低领导原型化情境

阅读下面材料,请认真想象文中所描述的场景,然后仔细体会一下你的心理感受。

你所在学院近期正在准备进行学生干部选举制度改革。由于这次改革关系到广大同学的切身利益,学院希望广泛听取同学们的意见,一位值班老师会在工作日搜集整理同学们的意见并上报学院。这位值班老师是最近刚毕业参加工作的年轻教师,主要工作是专业课的教学和科研,由于还在实习阶段,有时也会在办公室值班帮忙处理些行政事务。

关于学生干部选举制度的问题,你一直有很多看法和构想。于是,你决定和这位值班老师谈谈你的看法。你事先通过电话和他约好了见面时间。

当你按约定的时间走进值班老师的办公室时,他正在对着电脑浏览网页。你向他打招呼,他只是"嗯"了一声,连头也没有抬一下。你只得站在他办公桌旁边,开始耐着性子陈述你对学生干部选举制度的想法。整个谈话好像是你一个人的独白,该老师只是"嗯""啊"地回应着,他看起来好像并不太关心你的建议,大多数时间仍然只盯着电脑屏幕,也没有向你阐述学院关于学生干部选举制度改革的构想。在听了几句后,他开始表现得有些明显地不耐烦,说道:"好吧,我现在有点事情,就到这里吧。"眼看谈话进行不下去了,你只得悻悻地离开。

## 附录4 实验的操作检验

### 第一部分 互动公平的操作检验(用于实验一、实验二、实验三、实验四和实验五)

> 请结合场景材料,据自己的实际感受判断。在每项陈述后面相应的数字上划○或√。判断的标准如下:
>
> 1—非常不同意  2—不同意  3—有些不同意  4—无法确定
>
> 5—有些同意  6—同意  7—非常同意

1. 这次谈话中,我受到了辅导员的尊重。  1 2 3 4 5 6 7
2. 这次谈话中,我受到了辅导员的礼貌对待。 1 2 3 4 5 6 7

### 第二部分 领导原型化的操作检验(用于实验五)

> 请结合场景材料,据自己的实际感受判断你对场景中的学院的态度。在每项陈述后面相应的数字上划○或√。判断的标准如下:
>
> 1—非常不同意  2—不同意  3—有些不同意  4—无法确定
>
> 5—有些同意  6—同意  7—非常同意

1. 本次谈话中,我认为团委书记(值班老师)的行为代表了学院的行为。 1 2 3 4 5 6 7

2.我认为团委书记(值班老师)是学院的代表。　1　2　3　4　5　6　7

3.我认为团委书记(值班老师)能够代表学院。　1　2　3　4　5　6　7

4.我认为团委书记(值班老师)能够代表学院的
　老师。　1　2　3　4　5　6　7

## 附录5　研究量表

### 第一部分　自我建构初始量表(27道题目,用于实验一)

> 请根据自己的实际感受,在每项陈述后面相应的数字上划○或√。
> 判断的标准如下:
>
> 　1—非常不同意　　2—不同意　　3—有些不同意　　4—无法确定
> 　5—有些同意　　6—同意　　7—非常同意

1.我喜欢与别人合作,这种感觉很好。　1　2　3　4　5　6　7

2.当去做有利于他人的事情时,我会感到非常
　满足。　1　2　3　4　5　6　7

3.当我和一个人关系非常密切的时候,我时常
　感觉到他(或她)就是我生命中的重要组成　1　2　3　4　5　6　7
　部分。

4.当和我关系密切的人受到伤害的时候,我感
　觉自己也受到了伤害。　1　2　3　4　5　6　7

5.当和我关系密切的人取得重要成就时,我通
　常会感到非常骄傲。　1　2　3　4　5　6　7

6.当我想到我自己的时候,我通常会想到关系
　密切的朋友或家人。　1　2　3　4　5　6　7

7.总的来说,和别人的密切关系是我自我认识
　的重要组成部分。　1　2　3　4　5　6　7

8.如果同学获得了奖励,我将为他(她)感到
　骄傲。　1　2　3　4　5　6　7

9.同学的幸福对我而言很重要。　1　2　3　4　5　6　7

| | | | | | | | |
|---|---|---|---|---|---|---|---|
| 10. 对我而言,快乐就是与他人在一起。 | 1 | 2 | 3 | 4 | 5 | 6 | 7 |
| 11. 我的幸福在很大程度上取决于我周围人的幸福。 | 1 | 2 | 3 | 4 | 5 | 6 | 7 |
| 12. 在许多方面,我喜欢独一无二和与众不同。 | 1 | 2 | 3 | 4 | 5 | 6 | 7 |
| 13. 我经常做"我自己的事"。 | 1 | 2 | 3 | 4 | 5 | 6 | 7 |
| 14. 我是独特的个体。 | 1 | 2 | 3 | 4 | 5 | 6 | 7 |
| 15. 当个人面对困难的时候,最好自己决定该怎么做而不是听从别人的建议。 | 1 | 2 | 3 | 4 | 5 | 6 | 7 |
| 16. 一个人应当过自己的生活,而不要太在意别人的看法。 | 1 | 2 | 3 | 4 | 5 | 6 | 7 |
| 17. 我更愿意依靠自己而非他人。 | 1 | 2 | 3 | 4 | 5 | 6 | 7 |
| 18. 当我想到我自己的时候,我通常会想到我所在的群体(例如学校、班级、社团、兴趣小组……下同)。 | 1 | 2 | 3 | 4 | 5 | 6 | 7 |
| 19. 总的来说,我所在的群体是我自身认识的重要组成部分。 | 1 | 2 | 3 | 4 | 5 | 6 | 7 |
| 20. 在谈论我所在的群体时,我经常用"我们"而非"他们"来叙述。 | 1 | 2 | 3 | 4 | 5 | 6 | 7 |
| 21. 当有人赞美我所在的群体的时候,我会觉得好像我自己被赞美了。 | 1 | 2 | 3 | 4 | 5 | 6 | 7 |
| 22. 当有人批评我所在的群体的时候,我会觉得好像我自己被批评了。 | 1 | 2 | 3 | 4 | 5 | 6 | 7 |
| 23. 我所在群体的成功就是我的成功。 | 1 | 2 | 3 | 4 | 5 | 6 | 7 |
| 24. 与自己所在的群体保持和谐一致是很重要的。 | 1 | 2 | 3 | 4 | 5 | 6 | 7 |
| 25. 我通常会为了群体的利益而牺牲自己的利益。 | 1 | 2 | 3 | 4 | 5 | 6 | 7 |
| 26. 在群体中,我不希望出现自己与他人无法达成共识的局面。 | 1 | 2 | 3 | 4 | 5 | 6 | 7 |
| 27. 对我而言,尊重我所在群体的决定是重要的。 | 1 | 2 | 3 | 4 | 5 | 6 | 7 |

第二部分 修订后的自我建构量表（用于实验一、实验二和实验三）

> 请根据自己的实际感受，在每项陈述后面相应的数字上划○或√。判断的标准如下：
>
> 1—非常不同意　　2—不同意　　3—有些不同意　　4—无法确定
>
> 5—有些同意　　6—同意　　7—非常同意

1. 当去做有利于他人的事情时，我会感到非常满足。　　1　2　3　4　5　6　7

2. 当和我关系密切的人受到伤害的时候，我感觉自己也受到了伤害。　　1　2　3　4　5　6　7

3. 当和我关系密切的人取得重要成就时，我通常会感到非常骄傲。　　1　2　3　4　5　6　7

4. 总的来说，和别人的密切关系是我自我认识的重要组成部分。　　1　2　3　4　5　6　7

5. 同学的幸福对我而言很重要。　　1　2　3　4　5　6　7

6. 在许多方面，我喜欢独一无二和与众不同。　　1　2　3　4　5　6　7

7. 我经常做"我自己的事"。　　1　2　3　4　5　6　7

8. 我是独特的个体。　　1　2　3　4　5　6　7

9. 当个人面对困难的时候，最好自己决定该怎么做而不是听从别人的建议。　　1　2　3　4　5　6　7

10. 当我想到我自己的时候，我通常会想到我所在的群体（例如学校、班级、社团、兴趣小组……下同）。　　1　2　3　4　5　6　7

11. 总的来说，我所在的群体是我自身认识的重要组成部分。　　1　2　3　4　5　6　7

12. 在谈论我所在的群体时，我经常用"我们"而非"他们"来叙述。　　1　2　3　4　5　6　7

13. 当有人赞美我所在的群体的时候，我会觉得好像我自己被赞美了。　　1　2　3　4　5　6　7

14. 当有人批评我所在的群体的时候,我会觉得好像我自己被批评了。     1   2   3   4   5   6   7

15. 我所在群体的成功就是我的成功。     1   2   3   4   5   6   7

16. 与自己所在的群体保持和谐一致是很重要的。     1   2   3   4   5   6   7

## 第三部分　组织认同量表(用于实验二、实验三、实验四和实验五)

> 请结合场景材料,据自己的实际感受判断你对场景中的学院的态度。在每项陈述后面相应的数字上划○或√。判断的标准如下:
>
> 1—非常不同意　　2—不同意　　　3—有些不同意　　　4—无法确定
>
> 5—有些同意　　　6—同意　　　7—非常同意

1. 我认同我所在的学院。     1   2   3   4   5   6   7
2. 学院的事就是我的事。     1   2   3   4   5   6   7
3. 我很乐意成为学院的一员。     1   2   3   4   5   6   7
4. 我对学院的感觉良好。     1   2   3   4   5   6   7

## 第四部分　关系认同量表(用于实验三)

> 请结合场景材料,根据自己的实际感受判断你对场景中的辅导员的态度。在每项陈述后面相应的数字上划○或√。判断的标准如下:
>
> 1—非常不同意　　2—不同意　　　3—有些不同意　　　4—无法确定
>
> 5—有些同意　　　6—同意　　　7—非常同意

1. 我认同辅导员。     1   2   3   4   5   6   7
2. 我尊敬辅导员。     1   2   3   4   5   6   7
3. 如果辅导员取得了成就,我会为他感到骄傲。     1   2   3   4   5   6   7
4. 辅导员的幸福对我而言很重要。     1   2   3   4   5   6   7
5. 我很乐意成为辅导员的学生。     1   2   3   4   5   6   7
6. 我更愿意其他老师做我的辅导员。     1   2   3   4   5   6   7

## 第五部分　领导—成员交换(LMX)量表(用于实验三)

> 请结合场景材料,根据自己的实际感受判断你对场景中的辅导员的态度。在每项陈述后面相应的数字上划○或√。判断的标准如下:
>
> 　1—非常不同意　　2—不同意　　3—有些不同意　　4—无法确定
>
> 　5—有些同意　　6—同意　　7—非常同意

1. 我认为我和辅导员之间有良好的关系。　　　　1　2　3　4　5　6　7
2. 我认为辅导员可以了解我在学习或生活上的
   问题和需求。　　　　　　　　　　　　　　1　2　3　4　5　6　7
3. 当我学习或生活上有困难时,我认为辅导员
   可以热心地帮助我。　　　　　　　　　　　1　2　3　4　5　6　7

## 第六部分　对领导的评价量表(用于实验一、实验二和实验三)

> 请结合场景材料,根据自己的实际感受判断你对场景中的辅导员的态度。在对应的数字上划○或√。

　1.经过这次谈话,你对辅导员的印象好吗?

非常不好　　1　　2　　3　　4　　5　　6　　7　非常好

　2.你对辅导员在谈话中的表现感到满意吗?

非常不满意　1　　2　　3　　4　　5　　6　　7　非常满意

## 第七部分　对领导的帮助行为量表(用于实验一、实验二和实验三)

> 请结合场景材料,根据自己的实际感受判断你对场景中的辅导员的态度。在每项陈述后面相应的数字上划○或√。判断的标准如下:
>
> 　1—非常不同意　　2—不同意　　3—有些不同意　　4—无法确定
>
> 　5—有些同意　　6—同意　　7—非常同意

1. 如果有机会,我愿意主动协助辅导员管理班
   级事务。　　　　　　　　　　　　　　　　1　2　3　4　5　6　7

> 请结合场景材料,根据自己的实际感受判断你对场景中的辅导员的态度。在对应的数字上划○或√。

2.假如下周有班级活动,辅导员希望同学们出谋划策,你愿意提建议吗?

非常不愿意　1　　2　　3　　4　　5　　6　　7　非常愿意

## 第八部分　对组织的组织公民行为(OCBO)(用于实验二、实验三、实验四和实验五)

> 请结合场景材料,根据自己的实际感受判断你对场景中的学院的态度。在每项陈述后面相应的数字上划○或√。判断的标准如下:
>
> 1—非常不同意　　2—不同意　　3—有些不同意　　4—无法确定
>
> 5—有些同意　　6—同意　　7—非常同意

1. 如果有机会,我愿意向学院提建议以帮助学
   院了解学生的需求。　　　　　　　　　1　2　3　4　5　6　7
2. 我会积极参加学院组织的活动。　　　　　1　2　3　4　5　6　7

## 第九部分　领导原型化的测量(用于实验四)

> 请结合场景材料,根据自己的实际感受判断你对场景中的学院的态度。在每项陈述后面相应的数字上划○或√。判断的标准如下:
>
> 1—非常不同意　　2—不同意　　3—有些不同意　　4—无法确定
>
> 5—有些同意　　6—同意　　7—非常同意

1. 本次谈话中,我认为辅导员的行为代表了学
   院的行为。　　　　　　　　　　　　　　1　2　3　4　5　6　7
2. 我认为辅导员是学院的代表。　　　　　　1　2　3　4　5　6　7

# 后　记

在本书完成之际,笔者回想攻读博士学位的历程,由衷感谢陪伴、支持和鼓励我的人。因为你们,让在知识的海洋中遨游的我感受到温暖和力量,并坚定到达彼岸的信心,谢谢你们。

感谢我的导师、浙江大学心理与行为科学系郑全全教授的关心和指导。在学术上,郑老师学识广博、治学严谨。在老师的悉心指导下,我能够顺利完成学业并获得博士学位。在生活中,郑老师平易近人,如慈父般的关怀让在异乡求学的我感受到了家的温暖。忘不了在课堂上、在303实验室的读书报告中、在日常生活中老师给我的指导和启迪,不仅是学术上的言传身教和潜移默化,也包括了做人做事的道理。在老师的影响下,我深深地认同和热爱心理学这门学科并将其作为人生的事业。谢谢您,老师,您的教导是我一生宝贵的财富。

感谢浙江大学心理与行为科学系的沈模卫老师、马剑虹老师、何贵兵老师、钟建安老师……谢谢你们的传道、授业和解惑,谢谢你们在学业上的指导和帮助。

感谢303实验室的兄弟姐妹:毛良斌、温酒、王国猛、耿晓伟、谢天、韦庆旺、张锦、赵立、苏倩倩、叶君惠、吕澜、季靖、丁靖艳、陈华娇、王亚楠、孟繁兴、王晓梅、王珂、杜晓晓、马洁、徐沙、谭洁、郑昊、丁莹、姚晨、陈昕苗、李芳、郑璐、徐明、任宇哲、郁丹钦、黄紫娟、邹彩霞,感谢博士同学刘志芳、李建升、晏祥辉、苏衡、王娜、严璘璘、王婷、张延燕,感谢杭州师范大学的吕清平老师。谢谢你们的关心和支持,很怀念与你们在一起学习和生活的美好时光。

感谢西南石油大学经济管理学院、法学院的领导和同事，你们的鼓励和支持让我可以静心地攻读博士学位，顺利完成此著作。

感谢我的家人。谢谢你们一直以来的付出和支持，你们是我心灵的港湾和前进的动力。

王　艇

2020 年 6 月